無印良品でつくる

性格 クセ 好みに合った マイフィット収納

梶ヶ谷 陽子

心地よい収納ってなんだろう？

雑誌や情報サイトで見た素敵な収納。
誰でも一度は真似してみたいと思った
経験があるのではないでしょうか？

たくさんの物がスペースにピッタリはまった美しい収納！
物が少なく、スッキリ整ったおしゃれな収納！
憧れる気持ちはとってもよくわかります。

でもそんな収納に憧れて
同じような収納アイテムを買ったのに、
結局うまく使いこなせなかった、ということはありませんか？

収納アイテムのサイズが自宅の家具に合わなかった。
せっかく収納を変えたのに、すぐに物が増えて散らかってしまった。
使いたい時にすぐに取り出せない。
どこにしまったのか忘れてしまう。
どうせキレイに作っても子どもがぐちゃぐちゃに……。

「やっぱり、私の家では
素敵な収納なんて無理なんだ」
そう思っていませんか？

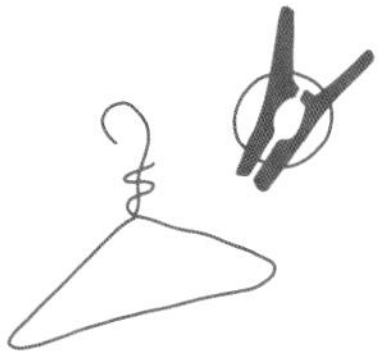

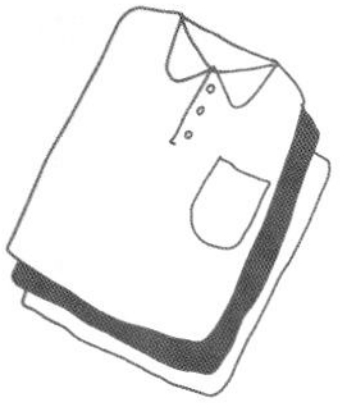

しかし、あきらめる必要はありません！
なぜなら、みなさん、自分の「生活」や「性格」、
「クセ」や「好み」に合った収納を選べていないだけだからです。

想像してみてください。
雑誌で見た「物を持たない素敵な暮らし」はおしゃれですが、
同じ数の洋服で毎日のコーディネートが楽しめますか？
「ファイルボックスが並んだまっ白な本棚」は整然としてかっこいいですが、
取り出したら戻すのが面倒になりませんか？

もちろん、洋服は少なくても大丈夫、
本棚をキレイに整えるためなら多少の面倒は気にならない、
という方はそれでいいのです。

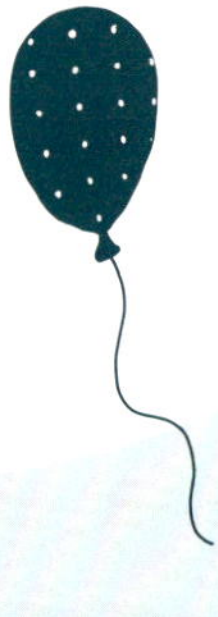

でも、それが合わない、という方はそんなに無理をしなくても
あなたにはあなたに合った物の持ち方や素敵で便利な収納があります。

この本は、読んでくれたあなたが
自分にピッタリな物の持ち方や収納を、
自分で見つけ出せるように考えて作りました。

自分のタイプに合わせて
カスタマイズした収納＝「マイフィット収納」なら、
「物が増えたら収納が足りなくなる」という不安感や、
「子どもや夫がすぐに散らかす！」という
イライラも減り、キレイも長続きするので、
毎日気持ちよく生活できます。

この本で
目指すのは

あなたの！あなたによる！あなたのための！
マイフィット収納!!

数年前から「ミニマリスト」や「シンデレラフィット収納」など、物を多く持たず、美しい見た目にこだわった暮らし方や収納方法が流行していますよね。ですが、私は整理収納アドバイザーという仕事柄、そこに疑問を感じてしまいます。

ミニマルな暮らしの流行で「物を減らしすぎて生活がしづらくなった」「減らしすぎて家族と喧嘩が増えた」というお悩みの方が増えたのも事実です。

また、「シンデレラフィット収納」のように「ピッタリはまる収納」を目指すのであれば、「偶然ピッタリはまる」ということはなかなかないので、綿密な収納計画が必要です。そして、美しい状態をキープするのも簡単ではありません。

本来「収納」というのは、私たちの暮らしを助けてくれるもので、「見た目の美しさ」や「ピッタリはまる」ということが一番大切なことではないと、私は思うのです。そこを目指してしまうと、自分や家族が大切に思う物をどんどん減らしたり、見た目は素敵でも自分や家族にとっては「とても使い勝手の悪い収納」になってしまうこともあるのです。

私は多くの方に「マイフィットな物」との付き合いを大切にしながら、一人一人に合った「マイフィット収納」を作ることをおすすめしています。

私が思う「マイフィットな物」とは人が物に暮らしを合わせるのではなく、「自分や家族の暮らしに合わせ、選んだ物」のことを言います。

ノート一つとっても、人それぞれマイフィットなノートは違いますよね。無地のノートがいいのか、線の入ったノートがいいのか、大きいノートがいいのか、小さいノートがいいのか、それは使う人によって違います。

そして自分や家族の「性格・クセ・好み」、自分や家族の「物との付き合い方」を反映し、心地よく維持できる、大好きな空間と思える収納を「マイフィット収納」と言います。

「マイフィット収納」は一緒に暮らす家族でも一人一人違います。だからこそ、この本は「自分や家族のマイフィット収納とはどんな収納なのか」を見つけるヒントとなる本を目指しました。

ぜひ楽しみながらご自身と家族に合った「マイフィット収納」を見つけ出してください。

梶ヶ谷 陽子

Contents

MY FIT LESSON 3

みんなのマイフィットが見てみたい！

マイフィット収納【まいふぃっと・しゅうのう】名

1. 自分の性格、クセ、好み、家族構成、家の間取りなど、
さまざまな要素を考えて作る、自分にとって快適な収納。

2.「出し入れのしやすさ」「見た目の美しさ」「物の収納量」
「掃除のしやすさ」「維持しやすさ」「在庫管理のしやすさ」など、
複数の基準があり、その中で自分にフィットする方法を選ぶこと。

3. 一人一人に違うマイフィットがあり、
また、収納場所によってもマイフィットな収納方法は変わってくる。

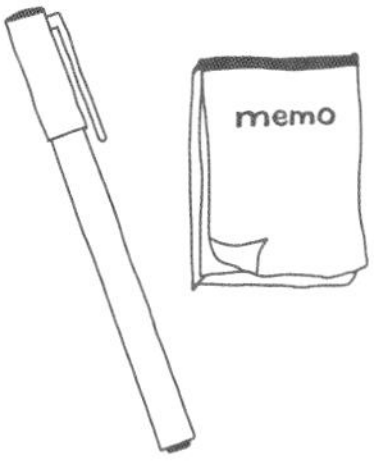

用例

「私は服をたくさん持っているので、収納量が多いクローゼットがマイフィットだ」
「息子にとってマイフィットなおもちゃ収納は、おもちゃを飾る収納だ」

MY FIT LESSON 1

目指すのは、「自分にとって気持ちいい」収納

快適な収納は作りたいけれど、「マイフィット」と言っても、
どこから考えたらいいかわからない！という方もいるのでは。
まずはマイフィット収納の基本の作り方を押さえましょう。

本書の使い方 STEP 01

持ち物を「整理」して自分にとっての**適正量**を知る

「マイフィット収納」は、「整理・収納・片づけ」の3段階の作業によって作ることができます。

まず、「心地よい空間」の土台となり、もっとも大切なのが「整理」です。**「整理」とは「自分や家族にとって不要な物をしっかり取り除くこと」を言います。**

よく、「整理をする時は家の中の物を全部出す」ということを耳にすると思います。ですが、一人でこれをやろうとすると、かなりの時間と精神力が必要です。私は「整理」の仕方にも一人一人に合った「マイフィット」があると思っています。育児や仕事で忙しいという方は、ご自身が「整理にかけられる時間」がどれくらいなのかをまず考えてみてください。

1日10分、週末に1時間など、まずはご自身に合わせた「整理」の時間を割り出してみましょう。それがわかれば、その時間内でできる「整理」を継続すればいいのです。**「整理」は一気に終わらせることが大切なのではないですし、「物をどんどん減らすこと」が目的ではありません。今自分がどんな物に囲まれて暮らしているのかを把握し、どんな物と暮らしていくのかを明確にする作業です。**

ですから、「整理をしても全然物が減らない」と落ち込む必要はありません。

物が減らなければ、その物とうまく付き合っていく「マイフィット収納」を見つけ出せばいいだけなのです。

「整理」をする時は「①将来使うと言い切れない、②本来の役割を果たしていない、③その物に思い入れや思い出がない」この3拍子がそろった場合は「不要な物」である可能性が高いので一つの基準にしておくといいと思います。

「整理」で「マイフィットな物」を選んだら、次は「マイフィットな収納」です。

「収納」とは「自分や家族にとって必要な物を出し入れしやすく収めること」を言います。

多くの方がやってしまいがちなのは「整理」をせずに散らかった空間を「収納」で解決することです。ですが、収納は「必要な物」を収めることを言うので、必要な物のサイズや量が明確にならないと作り上げることができないはずです。

また、収納は「使う人」に合わせて「どこに配置し、どんな収納方法を選び、どんな収納用品を使うのか」が「維持できる・できない」にダイレクトに関わってきます。自分にとって適したそれらを見つけ出し、作り上げた収納が「マイフィット収納」ということになります。

本書の使い方 STEP 02

自分に合った「収納タイプ」を知る

「マイフィット収納」であるかどうかは、自分が「大好き！」と言えるかはもちろん、「自分が維持できるかどうか」ということも判断基準になります。

私は以前、モチベーションアップのためにキッチンを「見た目が美しい収納」にしたことがあったのですが、ズボラでめんどくさがりなので「引出しをわざわざ引く」「わざわざフタを開ける」という作業を面倒に感じ、気づくと物が出しっぱなしになっていました。それは私にとって「マイフィットな収納」ではなかったのです。

こんな風に「マイフィット収納」では自分の性格によって、選ぶべき「収納」が大きく変わってきます。

「ズボラでめんどくさがりだけど持ち物が多い人」「必要最低限しか物を持たずラクさを追求したい人」「美しい収納が好きだけど持ち物が多い人」「何よりも清潔さを最優先したい人」など、みんなに同じ収納がフィットするわけがありませんよね。だからこそ、まずは自分の性格を知ることが大切です。

Ｐ20からの「収納タイプ診断」では、簡単なチェックであなたの性格に合わせた収納タイプがわかります。「自分はズボラな性格だと思っていたけど、マメなタイプだった」など意外な診断結果が出るかもしれませんが、それが客観的に見たあなたのタイプですので、ぜひ参考にしてみてください。

本書の使い方 STEP 03

スペースごとに「マイフィット収納」を選ぶ

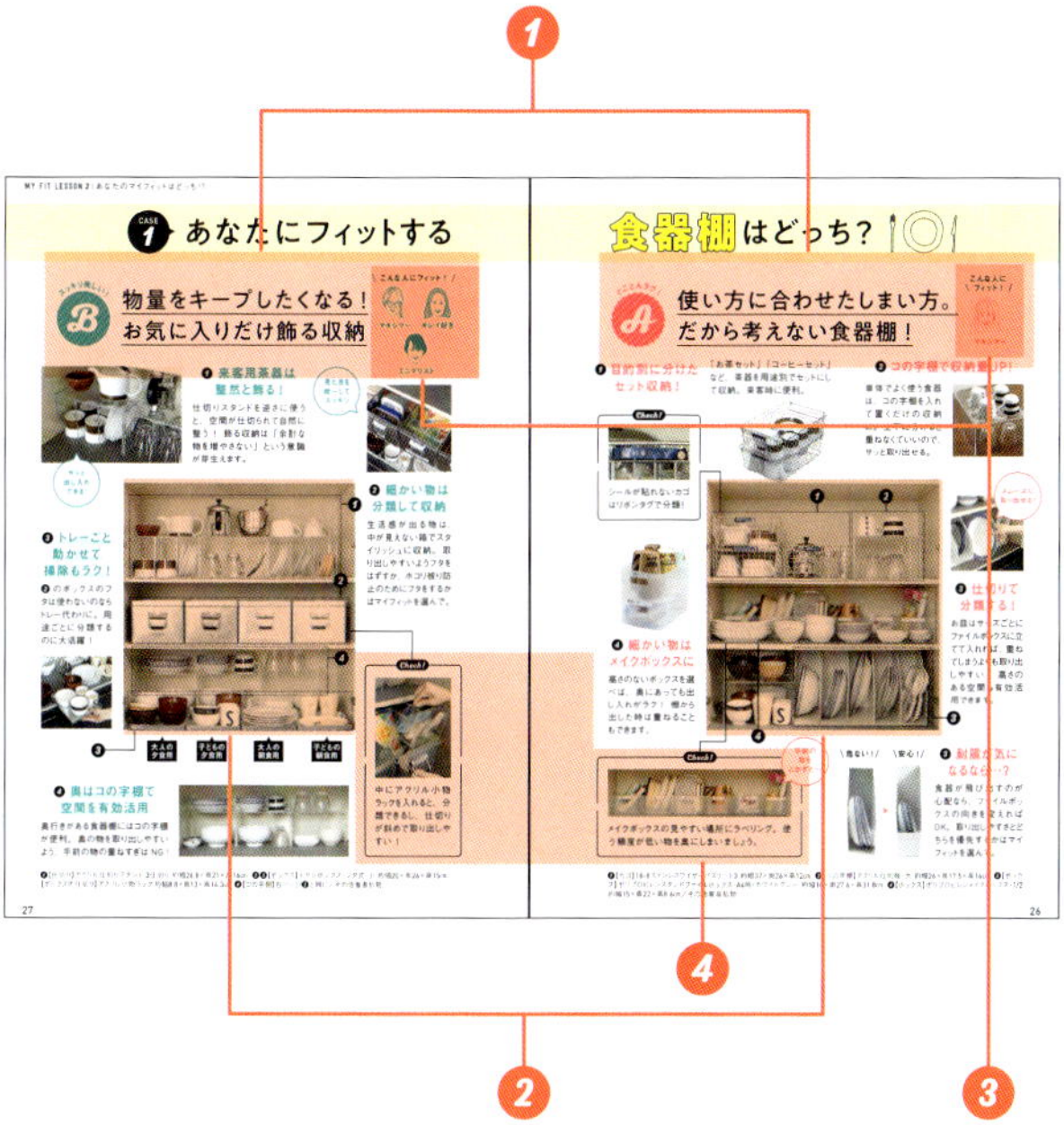
1
あなたにフィットする
食器棚はどっち?
物量をキープしたくなる!
お気に入りだけ飾る収納
使い方に合わせたしまい方。
だから考えない食器棚!
2
3
4

1 「ラクさ」と「見た目の美しさ」を目指したそれぞれの収納のテーマ。

2 左右の写真を見比べてみましょう。「見た目の好み・使いやすさ・収納できる物の量」など、どちらがあなたにフィットしていますか?

3 この収納にフィットしやすいタイプをアイコンで表示。

4 各収納のポイントやテクニックを解説。

自分の収納タイプがわかったら、P26からの「あなたのマイフィットはどっち⁉」で2パターンの収納を見比べて、各場所の自分に合った収納方法を選びましょう。

これを参考にあなたの家の収納スペースをどんな風にするか想像を膨らませてみてください。

また、**「整理」をして、「マイフィットな収納」を見つけ出すことができれば、使った物を元に戻す「片づけ」がとても簡単な作業になります。**

Let's check!

マイフィット収納を作る 3大原則

❶ 物は使う場所の近くにしまう

多くの方は「この場所に既存の収納があるからここに置くべき」などの固定概念を持っています。ですが、その考え方こそが「マイフィット収納」と真逆の収納を作る原因となってしまう場合があります。

まずは自分が1日を通してどこで何をしているのかを考えてみましょう。そうすることで「本来何がどこにあればラクなのか」という「マイフィットな場所」が明確になります。大人も子どもも収納に合わせて必要な物をわざわざ取りに行く・戻しに行くというのは、毎日のことだと案外手間に感じるものです。ですが、自分の行動に合わせた収納場所であれば、「使った物を元に戻す」を毎日維持することも難しいことではなくなります。

❷ よく使う物ほど手が届きやすい場所に

家にある物は全て使用頻度で分けることができます。「書く物」という括りでも「毎日使う物」「たまにしか使わない物」がありますよね。

当然のことながら、どんな物でも毎日必ず使う物がサッと手の届く場所にあれば使う時に便利ですし戻す時もラクです。体に負担なく出し入れできる位置は

例えば…
「冷蔵庫のトリセツ」が簡単に見つかる！

❶ トリセツはどの部屋からも**アクセスのいいリビングに**

❷ 毎日使う物ではないので、**目線より少し上の棚に**

❸ **トリセツはまとめて本棚のはじっこ**に置いて紛失防止！

「腰から目線」の高さなので、よく使う物ほどその位置に収めれば維持がしやすいということです。ただ、気をつけなければいけないのは、身長によって人それぞれ「腰から目線」の位置が変わるので、収納を作り上げる時は、「誰のための収納なのか」をハッキリと意識し、「その人にとっての腰から目線の高さ」で収納を作ることが大切です。

❸ グルーピングで物のある場所をわかりやすく

一緒に使う物をまとめることを「グルーピング」と言いますが、「マイフィット収納」を作る時は「目的・人・種類・シーズン」など色々なグルーピングを見つけてまとめることがとても大切です。なぜならそうすることによって、維持しやすく、そしてあちこち探し回る必要のない「マイフィット収納」を作り上げることができるからです。

「小学校の準備で必要になる物」「外出時に必ず持ち出す物」「郵便物を受け取る時・出す時に必要になる物」「来客時に必要になる物」など、意外と家の中にはグルーピングできる物がたくさんあります。グルーピングが明確になれば、それをまとめるアイテムのサイズもわかるので、「マイフィット収納」を作るためのアイテム選びにも役立ちます。

収納方法をチェック!

しれませんが、どんな収納も基本はたった4つの方法を
使うべきなのか、ポイントを押さえておきましょう。

Compact!

POINT 1

コンパクト化

収納する物が決まったら、まずその物が「コンパクトにできるか?」「コンパクトにするべきか?」を考えてみましょう。箱に入っている物は出すことでコンパクトにでき、空間の有効活用につながります。ただし緩衝材付きの箱に入れたまま保護したい物や、箱に入れたまま重ねる収納にしたい場合はコンパクトにする必要はありません。

POINT 2

立てる

Set up!

家の中にあるものは「立てる」ことで数が把握しやすくなったり、出し入れがラクになる物がたくさんあります。例えば衣類やお皿は重ねると下の物が出し入れしづらくなり、使う頻度が減ってしまうことがあります。ですが立てることで管理や出し入れがしやすく、物を循環させて使うことができるようになります。

マイフィットを作る 基本の

マイフィットな収納を自分で作るのは難しそうに感じるかも
組み合わせて作られています。それぞれどんな時に

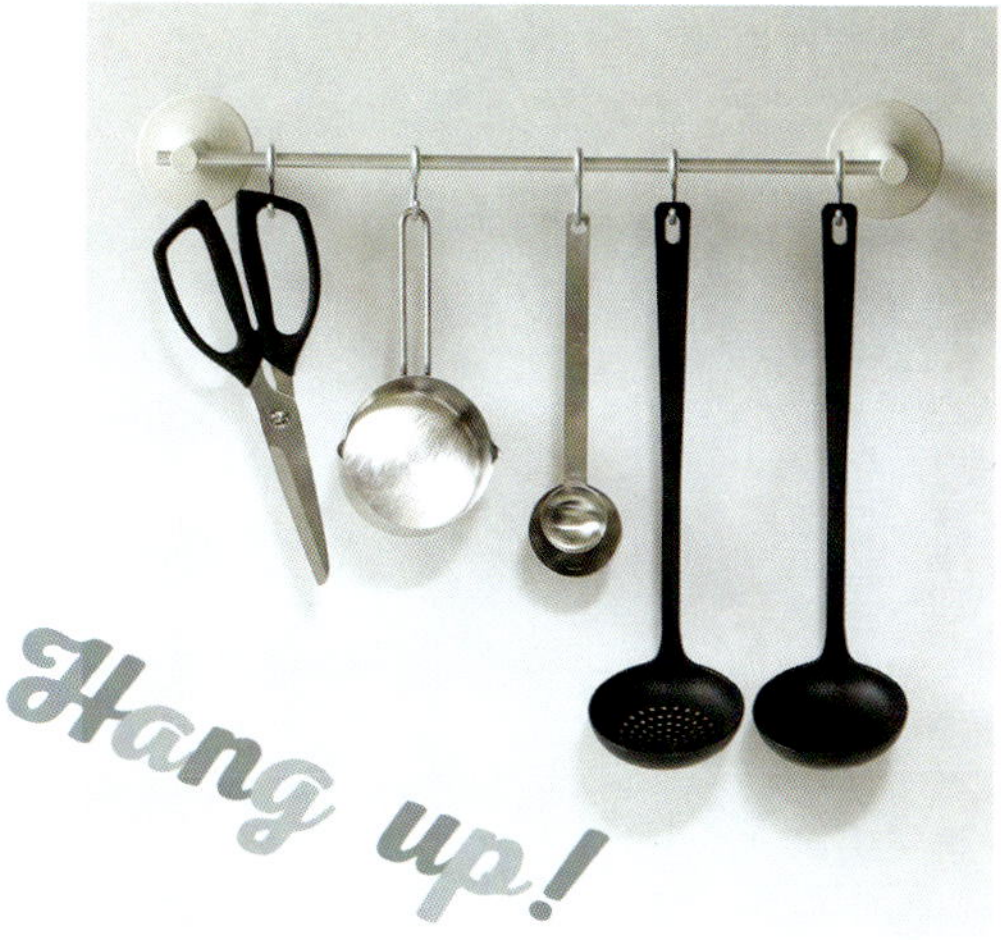

POINT
3

掛ける

扉を開ける・引出しを引くなどの手間がなく、もっとも簡単でラクな収納方法の一つです。使う人の背丈や行動範囲に合わせてフックやバーを設置すれば、誰にでもフィットする収納を作れます。ただ、フックの耐荷重や、掛ける数を気にしないと、たちまち使えない収納になり、散らかる原因にもなるので要注意。

POINT
4

重ねる

収納スペースを効率よく使える便利な方法です。空間を横ではなく縦に使うことで、多くの物を収納することができます。物を多く持つ人や収納スペースに余裕がない場合は、スタッキング（重ねること）ができるケースやボックスを使うと収納量を簡単に上げることができます。

Let's Check!

5分でわかる！
あなたの収納タイプ診断

収納作りにまず大切なのは
自分がどんなタイプかを知ること。
自分でも気づかない意外なタイプが
見えてくるかもしれません。

check 01
メインタイプ診断

以下の質問を読んで「YES」か「NO」の当てはまるほうに○を書いてください。最後に○を数えると、あなたのメインタイプがわかります。

QUESTION	YES	NO
外出がない日は1日中パジャマを着ていることがある		
よく履く靴は下駄箱にはしまわない		
朝起きた時に、特に布団は整えない		
手を使わず足や腰でドアを閉めてしまうことがある		
帰宅後、ジャケットをソファや椅子に掛けがち		
トイレ掃除の頻度は週に1回以下		
パスポートがどこにしまってあるかすぐに思い出せない		
洗濯機に入れる時、靴下が裏返っていても気にしない		
コーヒーを飲んだカップを1時間以上放置してしまうことがある		
掃除機はかけずにフロアモップで済ませている		
毎日同じ鞄を使っていて、中身を整理する習慣がない		
TOTAL		

あなたのメインタイプは…？

YESが多かった人 …… Aタイプ**(P22)**

NOが多かった人 …… Bタイプ**(P23)**

check 02
サブタイプ診断

この診断では、あなたが収納を考える時に大事にすべき性質が見えてきます。あまり深く考えず、直感で質問に答えてみてください。

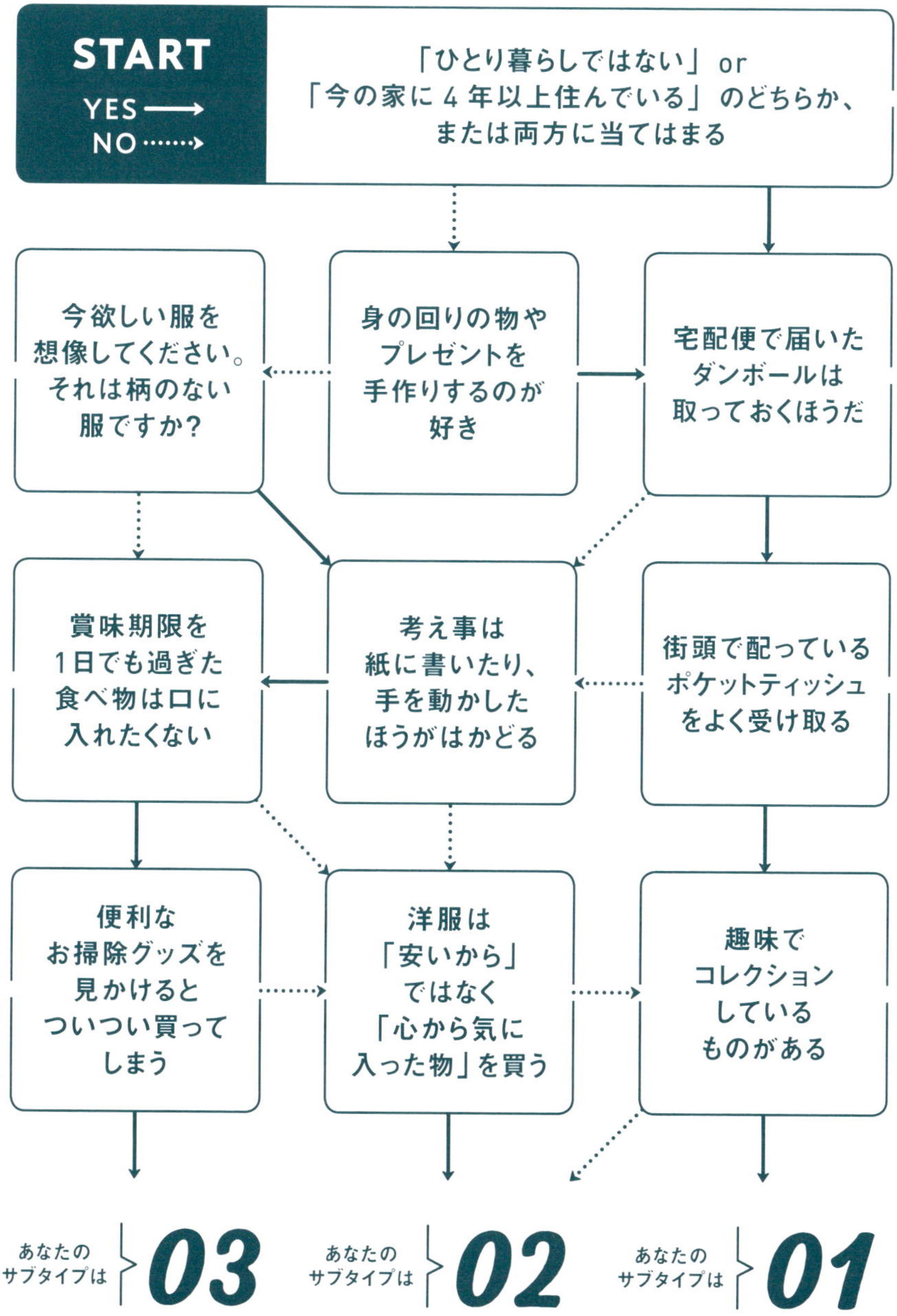

← 気になる診断結果は次のページで紹介!

診断結果

前ページの2つの診断結果を組み合わせて、あなたのタイプをチェック！

※例えば、メインタイプ診断が「B」で、サブタイプ診断が「02」だった人は「B-02 マメなミニマリストさん」です。

前ページの結果が

A-01 ズボラなマキシマーさん

もらい物や衝動買いで気がつけば物がたくさん！

ちょっといい加減なところもあるけれど、何だかほっとけない愛されタイプ。自分にも周りの人にも優しく大らかなので、その日の気分で買い物をしがちだったり、人からもらったけど使っていない物もずっと大切に持ち続けてしまいがちです。

フィットする収納！

- たくさん入るのにすぐ取り出せる
- 何がどこにあるかひと目でわかる
- 開けなくても中身が見える

前ページの結果が

A-02 ズボラなミニマリストさん

物は必要最低限で十分。暮らしも収納もラクしたい

ミニマリストな生活にこだわっているというより、ラクな暮らしを追求したら持ち物が少なくなったというタイプ。服や食器、本など、好きな物だけはたくさん持つという人も多いので、場所によって収納アイテムや方法を使い分けましょう。

フィットする収納！

- 使いたい時にすぐ手が届く
- わざわざ数えなくてもストックが管理できる
- 出しっぱなしでも散らからない

前ページの結果が

A-03 ズボラなキレイ好きさん

めんどくさがりだけど、キレイはササッと保ちたい

重い掃除機や、水を使う雑巾がけは苦手だけれど、気になったところにササッとハンディモップや除菌スプレーをかけるだけなら苦にならないというタイプ。生活の動線に合わせてお掃除グッズを置くと、気づいた時にすぐキレイにできますよ。

フィットする収納！

- 掛ける収納でなるべく下に置かない
- 脚がついたベース収納
- 机や棚に置いてある物がまとめて動かせる

あなたはどのタイプ？ 収納タイプ

前ページの結果が

B-01 マメなマキシマーさん

大好きな物に囲まれて いつもご機嫌に暮らしたい

持ち物は多いけれど、収納はインテリアとしての美しさも叶えたいタイプ。好きな物に囲まれながら、収納アイテムの素材や見た目にもこだわり、相乗効果で気分をアップ！ 中身を見せない収納なら、収納物が多くてもスッキリ見えますよ。

フィットする収納！

- 整然とそろった たくさん入る収納
- 中身を見せない 引き出しやフタあり収納
- デッドスペースを活用

前ページの結果が

B-02 マメなミニマリストさん

長く使えるこだわりの物と シンプルで美しい生活

本当に気に入った少数の物だけで、身軽に暮らすタイプ。物が少ない分、空間に余裕を持った収納ができるので、「ラク」と「美しい」が両立しやすいです。洗剤や調味料など、容器の色や形がそろわず気になるようなら「詰め替え」が◎。

フィットする収納！

- 色や素材をそろえた 収納アイテム
- 物が少なくても崩れない
- 物の使い時、捨て時が わかりやすい

前ページの結果が

B-03 マメなキレイ好きさん

家族や子どものためにも 汚れをためない清潔な空間

キレイ好きな人の中でも、毎日の生活で「美しさ」や「清潔さ」の優先順位がさらに高いのがこのタイプです。このタイプの収納は、お掃除のしやすさも重要なポイントですが、インテリアとしての見た目にも人一倍こだわりたいですよね。

フィットする収納！

- 家族みんなが使った物を 元に戻しやすい収納
- キャスター付きアイテム
- ホコリ被りを防ぐ フタありアイテム

Column 01

なぜ無印良品がいいの？

今、収納用品や収納家具は100円ショップやホームセンターでもコスパがいい商品がたくさんあると思います。そんな中、なぜ私は無印良品を選び、おすすめするのか。それは私自身が２回引っ越しをして「あること」に気づいたのがきっかけでした。

３軒の家で、それぞれの暮らしを経験したわけですが、当然のことながら間取りはまったく違いました。そしてそれぞれの家では家族の人数の変化も経験しました。夫婦２人での暮らし、娘が生まれ３人の暮らし、そして息子が生まれ４人での暮らし。間取りの変化や家族の人数の変化は、物の持ち方や収納作りに大きく関わることでした。引っ越しをすると、どうしても間取りに合わないアイテムが出てきますし、子どもの成長によって不要になってしまう収納用品も出てきました。ですがそんな中、無印良品のアイテムだけは、どんな間取りにも合い、子どもの成長に合わせて収納を作り直す時にも組み替えることができたり、家の中で他の収納に使い回すことができたりと、手放さずに使い続けることができたのです。

また、わが家は全ての収納が無印良品というわけではありません。ですが無印良品以外のアイテムや家具とも、無印良品の商品はとても相性がいいのです。それはわが家だけではなく、収納のアドバイスをしにうかがったご家庭でも実感したことです。

無印良品の収納用品や収納家具は、日本の多くの生活空間に対応できるように考え抜かれて作られた物だから長く使えるということ、そして無印良品にはさまざまな素材やテイストがあり、自分や家族に合った「マイフィット収納」を考えやすいことが、私が無印良品を選び、おすすめする理由です。

MY FIT LESSON 2

あなたのマイフィットはどっち!?

場所ごとに「とことんラク!」と「スッキリ美しい!」
2パターンの収納を作りました。じっくり眺めて、
あなたがワクワクしたり、
維持できそうな方を選んでみてください。
部分ごとの収納アイデアをカスタマイズして考えるのもOK!

食器棚はどっち？

こんな人に
＼フィットト！／

マキシマー

とことんラク！

A 使い方に合わせたしまい方。だから考えない食器棚！

❶ 目的別に分けたセット収納！

「お茶セット」「コーヒーセット」など、茶器を用途別でセットにして収納。来客時に便利。

Check!

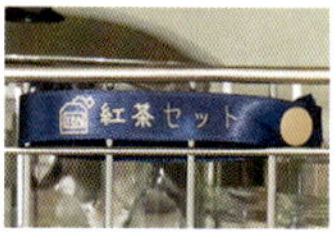

シールが貼れないカゴはリボンタグで分類！

❷ コの字棚で収納量UP！

単体でよく使う食器は、コの字棚を入れて置くだけの収納に。上下に分けると重ねなくていいので、サッと取り出せる。

スムーズに取り出せる！

❸ 仕切りで分類する！

お皿はサイズごとにファイルボックスに立てて入れれば、重ねてしまうよりも取り出しやすい！ 高さのある空間も有効活用できます。

❹ 細かい物はメイクボックスに

高さのないボックスを選べば、奥にあっても出し入れがラク！ 棚から出した時は重ねることもできます。

Check!

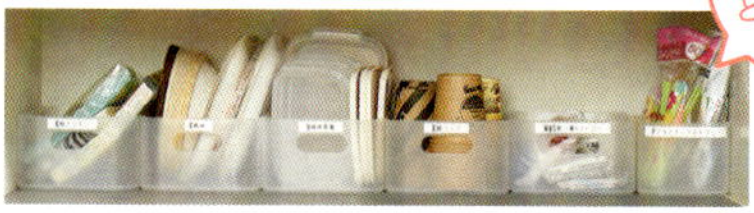

手前の物をどかすと…

メイクボックスの見やすい場所にラベリング。使う頻度が低い物を奥にしまいましょう。

❸ 耐震が気になるなら…？

食器が飛び出すのが心配なら、ファイルボックスの向きを変えればOK。取り出しやすさとどちらを優先するかはマイフィットを選んで。

❶【カゴ】18-8ステンレスワイヤーバスケット3 約幅37×奥26×高12cm ❷【コの字棚】アクリル仕切棚・大 約幅26×奥17.5×高16cm ❸【ボックス】ポリプロピレンスタンドファイルボックス・A4用・ホワイトグレー 約幅10×奥27.6×高31.8cm ❹【ボックス】ポリプロピレンメイクボックス・1/2 約幅15×奥22×高8.6cm／その他著者私物

CASE 1 あなたにフィットする

スッキリ美しい！

B

物量をキープしたくなる！お気に入りだけ飾る収納

＼ こんな人にフィット！ ／

❶ 来客用茶器は整然と飾る！

仕切りスタンドを逆さに使うと、空間が仕切られて自然に整う！ 飾る収納は「余計な物を増やさない」という意識が芽生えます。

見た目を統一してスッキリ

サッと出し入れできる！

大人の夕食用　子どもの夕食用　大人の朝食用　子どもの朝食用

❷ 細かい物は分類して収納

生活感が出る物は、中が見えない箱でスタイリッシュに収納。取り出しやすいようフタをはずすか、ホコリ被り防止のためにフタをするかはマイフィットを選んで。

❸ トレーごと動かせて掃除もラク！

❷のボックスのフタは使わないのならトレー代わりに。用途ごとに分類するのに大活躍！

Check!

中にアクリル小物ラックを入れると、分類できるし、仕切りが斜めで取り出しやすい！

❹ 奥はコの字棚で空間を有効活用

奥行きがある食器棚にはコの字棚が便利。奥の物を取り出しやすいよう、手前の物の重ねすぎはNG！

❶【仕切り】アクリル仕切りスタンド 3仕切り 約幅26.8×奥21×高16cm ❷❸【ボックス】トタンボックス・フタ式・小 約幅20×奥26×高15cm、【ボックス内仕切り】アクリル小物ラック 約幅8.8×奥13×高14.3cm ❹【コの字棚】右ページ❷と同じ／その他著者私物

あなたにフィットする

食器棚

はどっち？

食器棚収納の基本の「キ」は余分な持ち物を見直すこと！

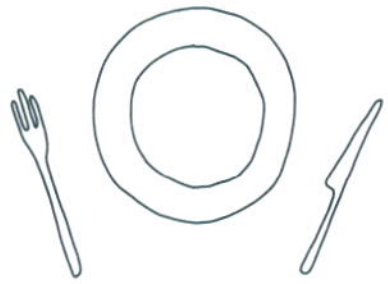

食器棚は、お皿やコップだけではなく、普段必要となる食品やもしものための備蓄食品、タッパーやお弁当箱、そして調理器具なども収納する場として活躍する空間です。３６５日「食」と離れた暮らしはできないからこそ、そして私たち主婦にとっては毎日立つ場所だからこそ、家事効率と自分のモチベーションが上がる食器棚にしたいですよね。また、家族が使う場所でもあるので、自分だけが心地良くなるような「マイフィット収納」ではなく、家族みんなが笑顔になれる「マイフィット収納」を目指したいものです。

これはどの場所にも言えることですが**みなさんにまず考えていただきたいことは、「今持っている物は本当に必要な物なのか」ということです。**当然のことながら、使っていない物たちは空間を圧迫するだけです。私自身、食器棚の見直しを今まで何度も行ってきましたが、その度に実感したのが「マイフィットな物の持ち方ではなかったな」ということでした。

例えば以前まで、わが家の食器棚には来客用の食器が多く収納されていまし

便利アイテム！①

ステンレスワイヤーバスケット

close up!

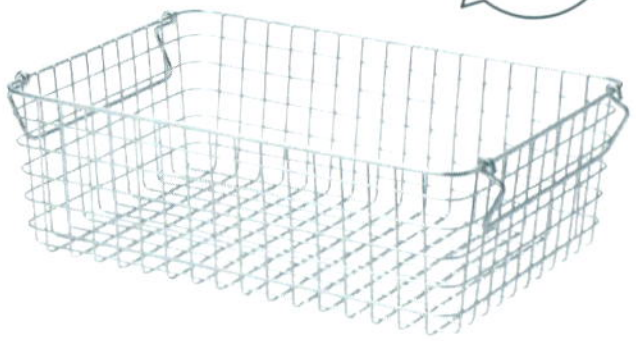

中身が見える上におしゃれなので、ラクさも見た目も◎。重ねられるから、物が多い人にもおすすめ！ ただ、収納物によっては穴から落ちてしまうので、食器棚用シートや滑り止めシートなどを下に敷いて使うといいでしょう。

マキシマーさん にとってのBの収納のメリット

高さのある食器棚は、コの字棚やアクリル仕切りスタンドで上下の空間を分けて使うとたくさん入る！　中が見えないトタンボックスは、物量が多くてもスッキリして見えます。

ミニマリストさん にとってのAの収納の注意点

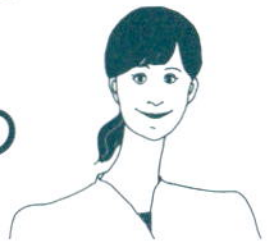

大きめのファイルボックスは収納する食器の量が少ないと、ボックスの幅がありすぎて置き方が不安定に。食器が少ないなら平置きか、幅の狭いファイルボックスを選んで。

た。子どもが生まれた頃に私や夫の両親や兄弟、そして祖母が遊びに来ることを想定して食器を用意していたからです。当時は、たしかにその数が必要でしたが、時が経ち子どもたちが小学校や幼稚園へ通うようになった今、集まる機会は減り、その来客用食器はただ置かれているだけの物になってしまいました。

さらに、私が「マイフィットな食器棚」を作るために大きなヒントになった自分自身への問いがあります。それは「作る料理の品数は毎食多いのか？」「家族はみんな、食器にこだわりがあるのか？」「料理によって食器は全て変えているのか？」ということでした。どの問いも答えは「ＮＯ」でした。

こんな風に私は家族のライフスタイルや自分自身と向き合うことで「使われていない食器がとても多かったこと」に気づきました。実は食器棚に集まる物は、案外「その数必要ないのかも」と思う物が多いのです。もちろん、来客の多い人や食器が大好きな人は減らす必要はありません。**食器棚の「マイフィット収納」を作るにはまず「今ある物」としっかり向き合い、食器棚に集まる物の「マイフィットな量（必要な物の数）」を見極めることから始まります。**「マイフィットな量」により収納方法や選ぶアイテムはまったく変わってくるので、「維持できるマイフィットな食器棚収納」を作るためにも、そこは一番初めにしっかりと向き合うべきなのです。

ストック収納はどっち？

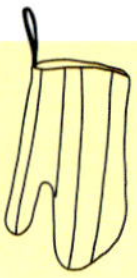

とことんラク！

A 家族にやさしい！オープン＆透明な丸見え収納

こんな人に
＼フィットト！／

マキシマー

❶ 透明ケースは大ざっぱな分類でOK！

1.ふいに
増えたもの

2.味の素
ラー油など

3.乾燥ワカメ
コンソメなど

4.味のり
ふりかけなど

5.大人用
お菓子

コの字棚で
収納量
UP!!

Check!

通気性が重要な野菜はカゴの中にキッチンペーパーを敷いて保存。在庫管理もわかりやすい！ラベルが貼れないカゴにはリボンタグをつけましょう。

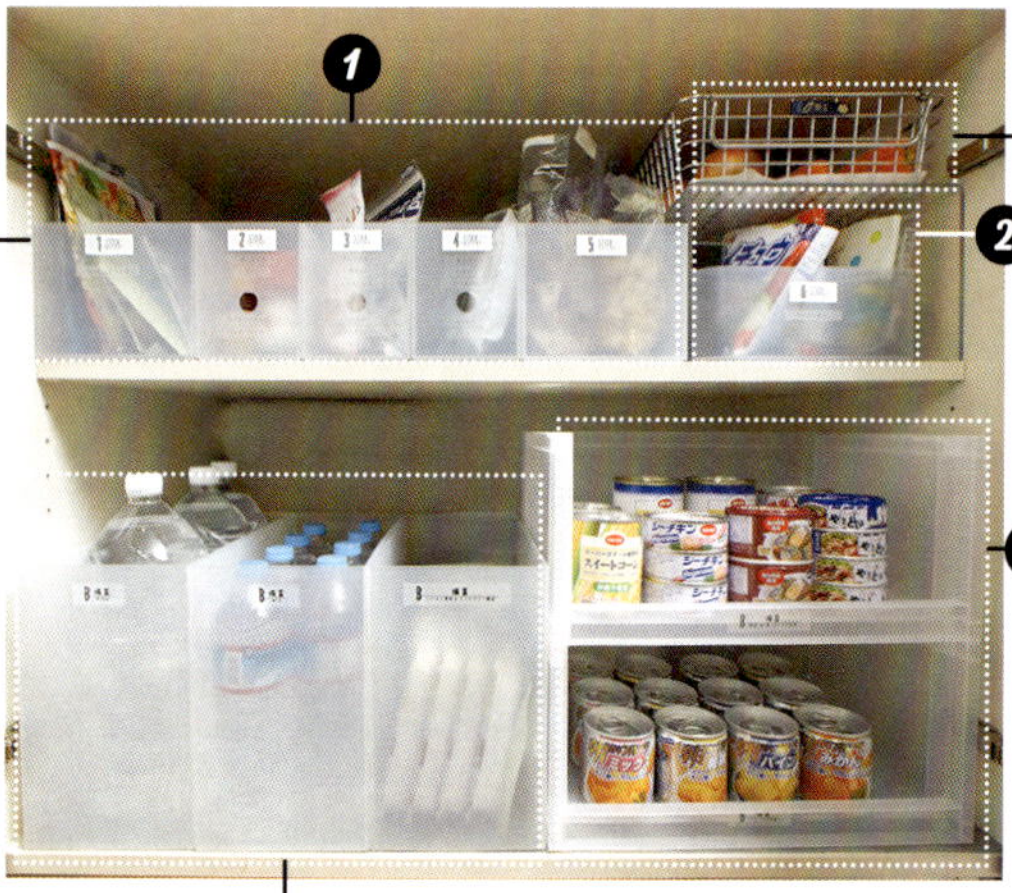

Check!

中を仕切りで分類すれば、収納物に合わせて仕切りの位置を調整できるので、ごちゃつかない。

❷

子ども用お菓子は取り出してそのまま持っていけるミニサイズのケースに。

Check!

備蓄用の水やレトルト食品も透明ボックスに入れて管理しやすく。

奥行きのあるアイテムを使って空間を有効利用！引出し代わりになるので、奥の物もラクに出し入れ！ラベルは子どもでも読めるようにひらがなや数字・絵文字を入れるのもおすすめです。

❸ 簡単に手に取れる缶詰ストック

オープンタイプの収納ラックは中身がわかりやすくてすぐ手に取れる！同じ種類の物は新しい物を下にしたり、後ろに入れると、消味期限切れを防げます。

【野菜カゴ】18-8ステンレスワイヤーバスケット2 約幅37×奥26×高8cm※中にペーパーを入れるなどして、直接は食品を入れないでください。 ❶【1、5番のケース】ポリプロピレンファイルボックス・スタンダードタイプ・ワイド・1／2 約幅15×奥32×高12cm、【2〜4番のケース】ポリプロピレンファイルボックス・スタンダードタイプ・1/2 約幅10×奥32×高12cm、【ケースの中の仕切り】スチール仕切板 小 幅10×奥8×高10cm ❷【ボックス】ポリプロピレンメイクボックス・1/2 約幅15×奥22×高8.6cm ❸【ラック】ポリプロピレン収納ラック・深型　幅37×奥26×高17.5cm、【水やレトルト食品のボックス】ポリプロピレンファイルボックス・スタンダードタイプ・ワイド・A4用 約幅15×奥32×高24cm／その他著者私物

CASE 2 あなたにフィットする食品

スッキリ美しい！ B

生活感を感じさせない！開けてうっとりする収納

＼ こんな人にフィット！ ／

ミニマリスト

キレイ好き

❶ 集合写真収納で奥にある物も忘れない！

高さ違いのコの字棚を使って奥の物が高くなるように配置。取り出しやすさも◎。

【ボックス】ラタンボックス取っ手付・スタッカブル 約幅15×奥22×高9cm、【コの字棚(手前)】アクリル仕切棚・小 約幅26×奥17.5×高10cm、【コの字棚(奥)】アクリル仕切棚・大 約幅26×奥17.5×高16cm

❷ テーブルにそのまま置けるお菓子入れ

子どもがよく食べるお菓子だけは中が見えるアイテムに。アクリル素材なら素敵なインテリアの一つに見えます。

Check!

ラタン素材は見た目がおしゃれ！ ラベルは貼れないので、フックの間に挟んで留めましょう。

❸

お菓子は全てパッケージから出してコンパクトに！ 整理トレーを使って種類別に。

Check!

取っ手代わりにフックをつけると取り出しやすい！

Check!

箱から出したカレールウやコンソメには手書きの消味期限ラベルを！

❹

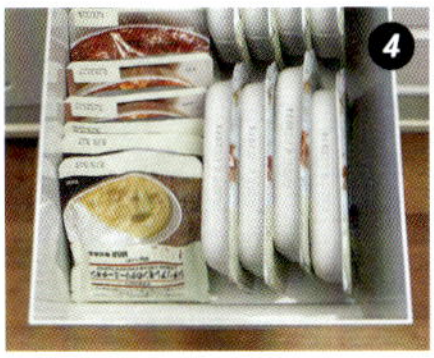

ストックは賞味期限を上に向けて入れれば、ひと目で確認できて、管理しやすい。

コンビニ収納でキレイに！

❺ 缶詰は寝かせて収納！

横にして入れることで、減った分だけ前にコロッと転がってくるので、奥に補充すればOK!

【野菜カゴ】重なるラタン長方形バスケット・中 約幅36×奥26×高16cm※中にペーパーを入れるなどして、直接は食品を入れないでください。❷【お菓子入れ】重なるアクリル仕切付スタンド・ハーフ 約幅17.5×奥6.5×高4.8cm ❸〜❺【引き出し(上段)】ポリプロピレンケース・引出式・薄型・縦・ホワイトグレー 約幅26×奥37×高9cm、【引き出し(中段)】ポリプロピレンケース・引出式・深型・ホワイトグレー 約幅26×奥37×高17.5cm、【引き出し(下段)】ポリプロピレンケース・引出式・浅型・ホワイトグレー 約幅26×奥37×高12cm、【水を入れたボックス】ポリプロピレンファイルボックス・スタンダードタイプ・ワイド・A4用・ホワイトグレー 約幅15×奥32×高24cm／その他著者私物

たくさん収納できるのに、家族みんなが出し入れしやすい棚の作り方

家族全員分の食品ストックを収納し、収納量も変動する棚は「収納量を上げる工夫」がキレイをキープする大切なポイントになります。

例えばコの字棚を使えば簡単に空間が分けられ収納量は倍になります。また、アイテムに頼らなくても、収納物自体を「コンパクト化」させることでも収納量は上がります。箱に入っている物は箱から出す、袋に入っている物は袋から出す。こうすることでたくさんの物が収納できますし、「使う時にラク」な収納にもなります。

ただ、いくら収納テクで収納量を増やしたとしても、度を越して食器を重ねすぎてしまったり、物を収納しすぎな棚は、出し入れがしづらく、管理が行き届かなくなってしまうので注意が必要です。

キッチンの棚は家族共有で使う場合が多いと思いますが、「家族に自分で出し入れしてほしい」という場合は、「家族に合わせた収納」を心掛けましょう。美しい収納を求めてしまうと、どうしても中身の見えない収納用品を選びがちですよね。ですが中身が見えない分「探す手間」がかかってしまい、食品の賞味期限

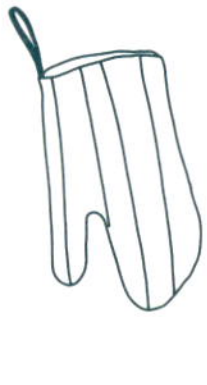

便利アイテム!②
アクリル仕切棚

見た目にこだわり、物を多く持つ人におすすめしたいアイテムです! 透明なので圧迫感がなく、スッキリした印象を作ります。どんな場所でも収納量を簡単にUPさせられますが載せる物の重さには十分注意が必要です。

ミニマリストさんにとってのBの収納のメリット

中身が見えない収納アイテムを使っているので、収納物が少なくて空間があいていても、見た目がスカスカしません。見た目を気にせず、自分がわかりやすいように分類できます。

キレイ好きさんにとってのAの収納のデメリット

全てフタなしのオープンになっているので、取り出しやすい分、ホコリ被りが気になりがち。扉の閉まる棚の中に作るなら、キレイ好きさんにもおすすめできる収納方法です。

切れも発生しやすくなるので、「家族がわかりやすいラベリング」が必要です。
また、中身が見えるアイテムでも高さをそろえたり、配置を工夫するだけで案外「見た目の良さ」は叶えられます。あとはズボラさんの場合はフタなしアイテムを選んだり、奥行きいっぱいのサイズの収納アイテムを選んで一気に引き出せるようにしたり、ケースを引き出す必要なく物が手に取れる高さのアイテムを多用するとアクション数が減りとてもラクな棚にすることができます。

私自身もズボラでめんどくさがりなタイプですが、キッチンの収納に限らず「マイフィット収納」を作る上で、私を助けてくれる便利な収納方法があります。それは「集合写真収納」と「コンビニ収納」です。

「集合写真収納」というのは、出し入れしづらい奥に収納した物を、前に収納した物よりも高い位置に収納することです。 集合写真を撮る時に、後ろの人の顔が見えるように段のあるところに立つのと同じ考え方です。この方法は「物の存在を忘れない」ことに一役かってくれます。

そしてもう一つが「コンビニ収納」です。賞味期限のある食品は期限の近い物から先に使わないと、たちまち賞味期限切れの物で溢れてしまいます。だからこそ**コンビニのように新しい物は後ろに収納して、いちいち賞味期限を確認しなくても期限の近い物から消費できる収納にしています。**

チン収納①はどっち？

とことんラク！

A 詰め替えなしで整う！物の定位置がある引出し

こんな人に
＼フィット！／

マキシマー

❶ よく使う物は壁に掛ける！

よく使う物はしまい込まず壁面収納を利用すればラク！2軍は引出しに！

Check!

吸盤が落ちてくる時は、100均の「吸盤補助板」が便利！

Check!

大きな調理アイテムでもラクラク入るケースは大活躍！

❷ 仕切りのない収納用品を活用！

空間を仕切ったケースにポイポイ入れるだけの簡単収納。少し余裕のあるサイズのケースを使うことで多少物が増えても対応できます。アルミホイルやラップを多めにストックしたい場合は同じアイテムを箱のまま重ねれば補充がラクラク！

Check!

サイズが小さいケースでもお弁当用ピックがたくさん入る！

❸ 粉類の口はクリップで留めて詰め替えの手間なし！

どれが何かひと目でわかる！ 定位置さえ決めておけばラベリングも必要なし！

Check!

調味料はまとめてケースに入れておけば調味料セットとしてそのままテーブルに出せます。

賞味期限を書くペンとシール。ペンは立てると断然取り出しやすい！

❶【ハンガー】アルミタオルハンガー・吸盤タイプ 約幅41×奥6cm、【S字フック】アルミタオルハンガー用フック 5個入・約高さ4cm ❷【ボックス】ポリプロピレン整理ボックス4 約幅11.5×奥34×高5cm ❸【ボックス】ポリプロピレン整理ボックス2 約幅8.5×奥25.5×高5cm 、【ピックを入れたボックス】ポリプロピレン整理ボックス1 約幅8.5×奥8.5×高5cm／その他著者私物

CASE 3 あなたにフィットするキッ

スッキリ美しい！

B 詰め替えだから崩れない！計算しつくされた美しさ

＼ こんな人にフィット！ ／

ミニマリスト　キレイ好き

❶ ごちゃつきゼロの仕切り付きケース

元から仕切りが付いているケースはムダな隙間ができないので、整然とした印象に。厳選したアイテムを収納しましょう！

Check!

トレーを活用してグルーピング。お弁当作りや調理の際、のりカッターや調味料をまとめて取り出すこともできます。

Check!

全てパッケージから出して収納。美しいだけでなく使う時はサッと取り出しやすい。

密閉できるケースを選んで！

❷ 調味料や粉物は詰め替えて

容器をそろえれば、パッケージのサイズや形で収納が崩れることがなく、気持ち良くそろった統一感のある収納に。ただ中身がわかりにくくなるので、ラベリングはしっかり！

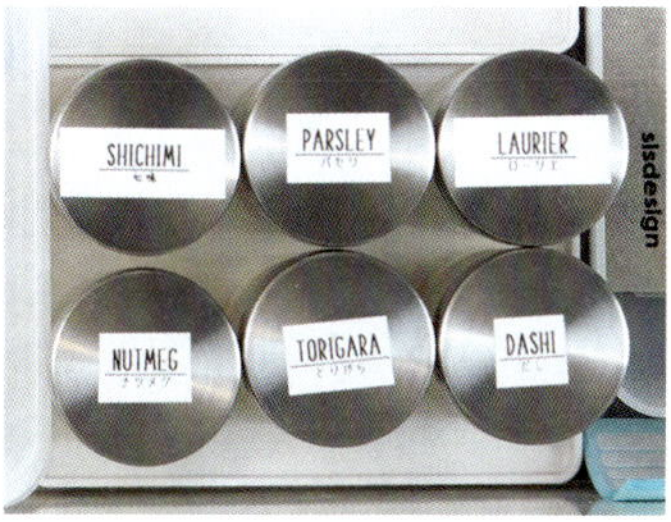

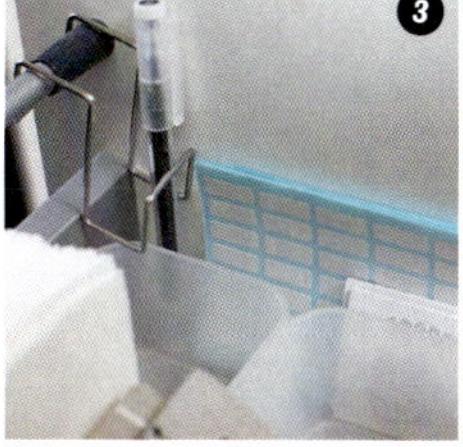

詰め替えには賞味期限記入ラベルが必須。ペンは扉用フックを活用して縦置きに。

❶【ボックス】ABS樹脂　A4ハーフ仕切りボックス　A4ハーフ 約幅12×奥32×高7㎝ ❷【トレー】ABS樹脂　フタにもなるトレー・1/4　A6サイズ　約幅12×奥16×高1.4㎝、【ゴム・ピックのボックス】ABS樹脂ボックス・1/8　A7サイズ　約幅8×奥12×高7㎝、【楊枝・クリップのボックス】ポリプロピレン整理ボックス1　約幅8.5×奥8.5×高5㎝、【キッチンペーパーのボックス】ポリプロピレン整理ボックス2　約幅8.5×奥25.5×高5㎝、【粉物容器】粉もの保存容器　実容量710ml／その他著者私物

あなたにフィットする
キッチン収納①
はどっち?

「3つのメリット」を押さえた便利で使いやすい引出しのポイント

みなさんは、「引出し」のメリットをご存じでしょうか? もし、毎日使うキッチンなのに「使い勝手が悪い」「時間がかかる」などと感じているとしたら、それは「引出しのメリット」が活かされていないことが原因かもしれません。

引出しには「ホコリ被りを防げる」「奥の物でも一気に引き出せる」「引き出した時に上から全体が見渡せる」という3つのメリットがあります。ですが、「片づけられない」という方のご家庭を拝見すると、ほとんどのご家庭で3つ目のメリットが活かされていない収納になってしまっていました。引出しの収納を作る時は、**「全体が見渡せて、ひと目でどこに何があるかわかる収納にする」ということを頭に入れつつ考えてみてください。**

また、引出し収納を作る時は、その引出しの高さもしっかり確認しましょう。なぜなら、浅い引出しでも、意外と収納アイテムを2段にできるくらいの高さがある場合があるからです。物を多く持っている人、または引出しが小さいという人は、引出し内の収納用品を2段にして収納量を上げることも検討してみるとい

便利アイテム!③

ABS樹脂 A4ハーフ仕切りボックス

スリムな見た目で、元から仕切りが付いているボックスはあらゆる引出しで活躍してくれるアイテム。長さのある収納物が集まり、意外とごちゃつきがちなキッチンの引出しを整然と配置してくれます。

ミニマリストさんにとってのBの収納のメリット

詰め替えた調味料はピッタリ収納なので、これ以上種類を増やさないよう意識できる。詰め替え時に消味期限を意識できるので、「使い忘れ」や「2重買い」を防げます。

マキシマーさんにとってのAの収納のメリット

形や長さがさまざまで、取り出しにくくなりがちな調理器具がひと目でどこにあるかわかりやすい。壁面収納を使えばケースに詰め込まないので、サッと取り出せます。

いと思います。その場合は下段に使用頻度の低い物やストックを入れ、かつ上段を透明の収納アイテムにして、下段も見えるようにしておくと「存在を忘れない収納」にできます。

そして、**「使用頻度に合わせた物の配置」も使い勝手の良い収納の基本です。**引出しは、手前が使いやすく奥が使いづらいとされています。ですから手前に使用頻度の高い物を、奥に使用頻度の低い物を収めていくと効率の良い収納になります。家族用と来客用の食器やカトラリーなど、同じ物でも使用頻度で分けると管理がしやすく、出し入れもラクです。

また、収納物をコンパクト化し、ケースに入れ替えれば、空間をムダなく使えます。輪ゴムや爪楊枝も箱から出しておそろいのケースに入れれば、見た目も美しく出し入れのしやすい収納になります。最近では粉物や調味料をケースに詰め替える人も多いと思いますが、実はそこにはデメリットも隠れているのです。当然ですが**食品には賞味期限や消費期限があります。市販の物は保存性の高い容器に入れられていることがほとんどです。ですから詰め替えることで保存性が低くなる物もありますし、「その物が何なのか？」「消費期限はいつなのか？」がわからなくなる場合もあるのです。**見た目が美しいキッチンは気持ちのいいものですが、こうしたデメリットがあるということも忘れないでください。

チン収納②はどっち？

とことんラク！

A

詰め替えなし！増えても対応できる収納

＼ こんな人にフィット！ ／

マキシマー

ミニマリスト

よく使う物を手前に

❶ 調味料はそのままひとまとめに！

増えることを想定しワイドサイズのファイルボックスに。戻す時はポイポイ入れるだけ。

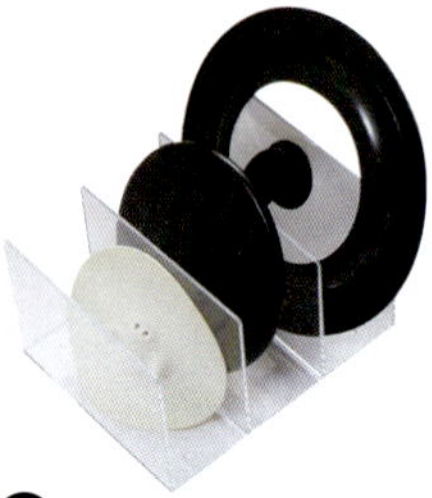

❷ アクリル仕切りを縦にしてフタを収納！

仕切りスタンドでフタを１枚ずつ収納。フタを前かがみにして小さい物から手前に入れれば取り出す時も必要な物だけをサッと掴める。

自立するまな板でスッキリ！

Check!

調理器具の大きさに合わせて収納アイテムをチョイス。大きな揚げ物専用鍋はすっぽり入るサイズを！

Check!

フライパンも立てて収納！仕切りが元からあるのでそれぞれが自立して取り出しやすい。

Check!

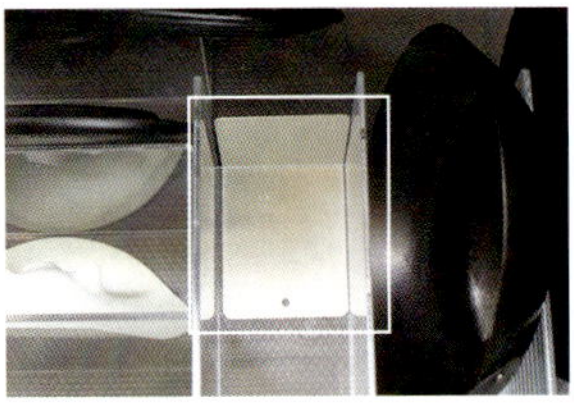

小さい調理器具には仕切り板を入れて。

❸ 100均のフック＆つっぱり棒で取っ手が下がらない!!

取っ手が下がると取り出す時にいちいちかがまなくてはならないので、フックにつっぱり棒を渡して、取っ手を引っかけるとラクちん。このひと手間が毎日のストレスを減らしてくれます。

❶【ボックス】ポリプロピレンファイルボックス・スタンダードタイプ・ワイド・1/2　約幅15×奥32×高12cm　❷❸【仕切り】アクリル仕切りスタンド3仕切り　約幅26.8×奥21×高16cm、【小さい仕切り】スチール仕切板　小　幅10×奥8×高10cm／その他著者私物

CASE 4 あなたにフィットするキッ

スッキリ美しい！

B ピッタリが気持ちいい！ 空間を仕切る収納

＼こんな人にフィット！／

ミニマリスト　キレイ好き

❶ ファイルボックスで空間を区切って物の居場所を明確に

収納スペースにピッタリはまる美しい収納には、作る前の正確な計測が必要不可欠！ 愛用中の調理器具のサイズを頭に入れつつ、収納アイテムを選びましょう。

透明だと残量が確認しやすい！

❷ 調味料は詰め替えてそろえる

詰め替えることでケースの形が統一されるので、パッケージのサイズによって収納が崩れることがありません。ただ、決まった種類以上は増やせないので、よく使う物だけを入れましょう。

Check!

ボックスを入れておけば引出し自体は汚れないので、掃除も簡単！ 水拭きできる素材選びもポイント。

仕切りを入れて長さを調整！

❶ かがまなくても取り出しやすい工夫を!

ファイルボックスのフチに取っ手が載るので、わざわざかがまなくても取り出しやすい。長さが足りない収納物はボックスの中に仕切りを入れて取っ手が飛び出るように調整を。

Check!

整理トレーにオイルポットを収納！ 引出し内のベタベタ防止に便利です。トレーは汚れたらサッと水洗いすればいつでも清潔に保てます。

❶【ボックス】ポリプロピレンファイルボックス・スタンダードタイプ・ホワイトグレー・1/2　約幅10×奥32×高12cm 、【ボックスに入れた仕切り】スチール仕切板　小　幅10×奥8×高10cm／その他著者私物

形も大きさもさまざまな調理器具
マイフィットな収納方法の考え方

キッチンの高さがある引出しは、意外と使い方に悩む場所だと思います。ですが**「その場所で何をする？」ということから考え始めると収納が組み立てやすかったりもします。**

例えば、コンロ下に深い引出しがあり、そこの収納を作り上げるとします。その場合は「コンロでは何をする？ 何を使う？ 何があれば便利？」を考えてみると「収納するべき物」が見えてきます。

その後に考えるべきことは、**「その物がどういう状態で収納されていれば出し入れしやすいか・管理しやすいか」です。**コンロでフライパンを使い調理する場合、そのフライパンが平置きしてあったほうがいいのか、または立ててあったほうがいいのかで「マイフィット収納」は変わってきます。そしてフライパンを立てた状態のほうが出し入れしやすい場合は、立てた状態でのフライパンのサイズをしっかりと把握します。サイズを把握していないと、フライパンを立てるための収納用品選びに失敗するからです。これはフライパンだけではなく、あらゆる

便利アイテム！④

アクリル仕切りスタンド

close up!

縦にも横にも背を上にしても使える超優秀アイテム！ ちょうどいい間隔で仕切りがあるので、考えずにポイポイ置いても物が自立して収納が整います！ 簡単にノーアクション収納が作れるので、ズボラさんの強い味方です。

マキシマーさん にとってのBの収納のデメリット

詰め替えの調味料はスペースが決まっているので増やせません。使用頻度の高くない調味料は別の場所に収納することになりますが、どこにあるか探す手間がかかります。

キレイ好きさん にとってのAの収納のデメリット

引出しなので中はそんなに汚れませんが、拭き掃除をするには一つ一つ物を動かさないとならないので、こまめにお掃除したい人には少し手間がかかります。

物に言えます。

また、**限られたキッチンの収納スペースでは、フライパンや鍋、鍋フタなどの調理器具は「本当に使っている物なのか」と考えることも重要です。**「出し入れや管理がしづらい収納」は結局「持っているのに使うことのない物」が放置されたままになっていることが、使いづらさの原因である場合が多いのです。

最近では、調理器具をファイルボックスに立てて収納する人も増えたように感じます。確かにごちゃつきを防止でき、見た目も美しい収納になります。ですが、ファイルボックス自体で空間を占領し、収納量が下がってしまうという部分もあるので要注意です。

調理器具が多い人は、ファイルボックスよりも、仕切り代わりにもなり物に合わせてサイズを決められ、フライパンを支えることができる「スチール仕切板」のようなアイテムを選んだほうが空間を有効活用できる場合があります。

キッチン収納は多くのメディアに取り上げられ、さまざまな方法を目にする機会があると思います。ですがその方法が「わが家のキッチンのサイズに合うのか」「自分に合うのか」はまた別の話です。だからこそ、**わが家のキッチンに合った、そしてご自身に合った「マイフィット収納」を見つけ出すことが大切です。**

チンシンク下収納はどっち?

とことんラク!

A

一瞬で見つけて使える ノーアクション時短収納

\ こんな人にフィット! /

ミニマリスト　キレイ好き

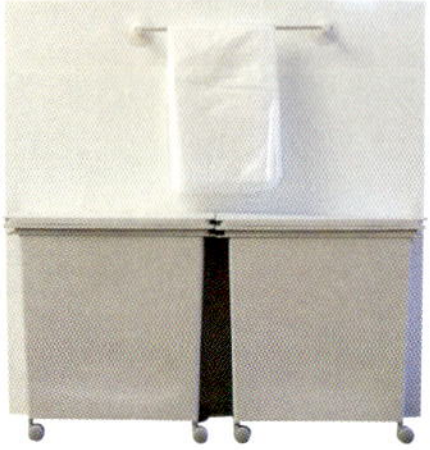

ゴミ箱は シンク横にセット

シンク横だと調理中に出たゴミもすぐに捨てられて便利。ゴミ袋をタオル掛けに掛けると、簡単に取り出せて取り換えもラクちん。

Check!

サイズ違いのラックを組み合わせて配管ギリギリまで空間を有効活用!

Check!

鍋はフタとセットで収納すれば、調理時に一緒に取り出せて時短!

Check!

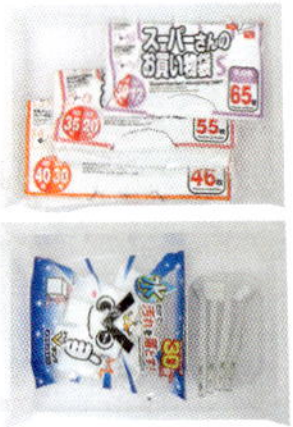

上段のビニール袋はサイズ表示がひと目でわかるように並べる。中段には必要最低限の掃除用具を。

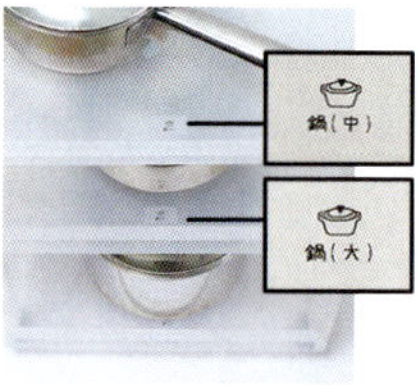

❶ 上から見やすい位置にラベリング

見やすい位置にラベルがあるので、戻す場所を忘れません。

❷ 詰め替えゼロでも整う!

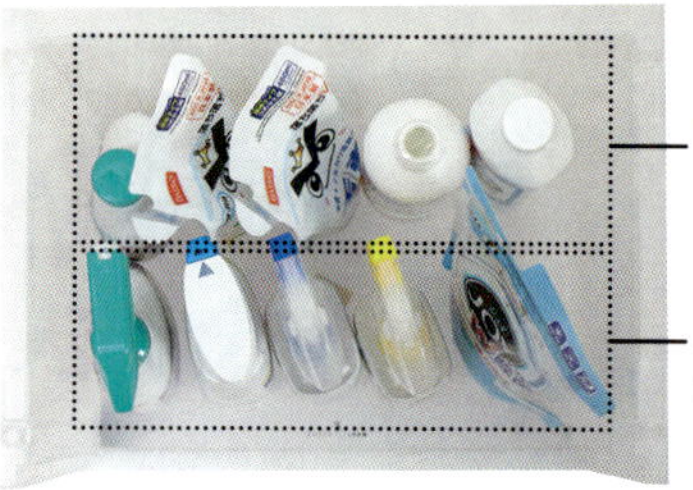

セットのまま動かせる!

❸ キャスター付きなので掃除もスイスイ!

左側にお掃除セットをまとめているので、キッチン以外の場所にも移動できます!

【ゴミ箱】ポリプロピレンフタが選べるダストボックス・小(20L袋用)袋止付・約幅19×奥41×高37㎝、【ゴミ箱のフタ】ポリプロピレンフタが選べるダストボックス用フタ・横開き用　約幅22.5×奥42×高3㎝、【タオル掛け】アルミタオルハンガー・吸盤タイプ　約幅41×奥6㎝　❶❷【ラック(上)】ポリプロピレン収納ラック・薄型　幅37×奥26×高9㎝、【ラック(中)】ポリプロピレン収納ラック・深型　幅37×奥26×高17.5㎝、【ラック(下)】ポリプロピレン収納ラック・深大型　幅37×奥26×高26㎝　❸【キャスター】ポリプロピレン収納ケース用キャスター　4個セット/その他著者私物

CASE 5 あなたにフィットするキッ

スッキリ美しい！

B

ムダな空間はゼロ！完璧にフィットした美的収納

＼こんな人にフィット！／

ミニマリスト　キレイ好き

❶ このままシンクに出せる！

掃除ブラシやスポンジはこのままメイクボックスにひとまとめ！ボックス内もポリスチレン仕切り板で仕切って使いやすく！

❷ スマートなゴミ袋収納！

ゴミ袋はサイズ別にケースに入れて、使う場所（ゴミ箱）に一番近い引出しへ。サイズ順に並べると使う時に迷いません。

Check!

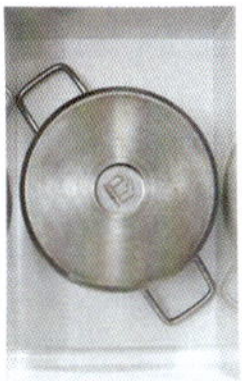

水を入れて使う鍋はコンロ下よりシンク下にあると便利！

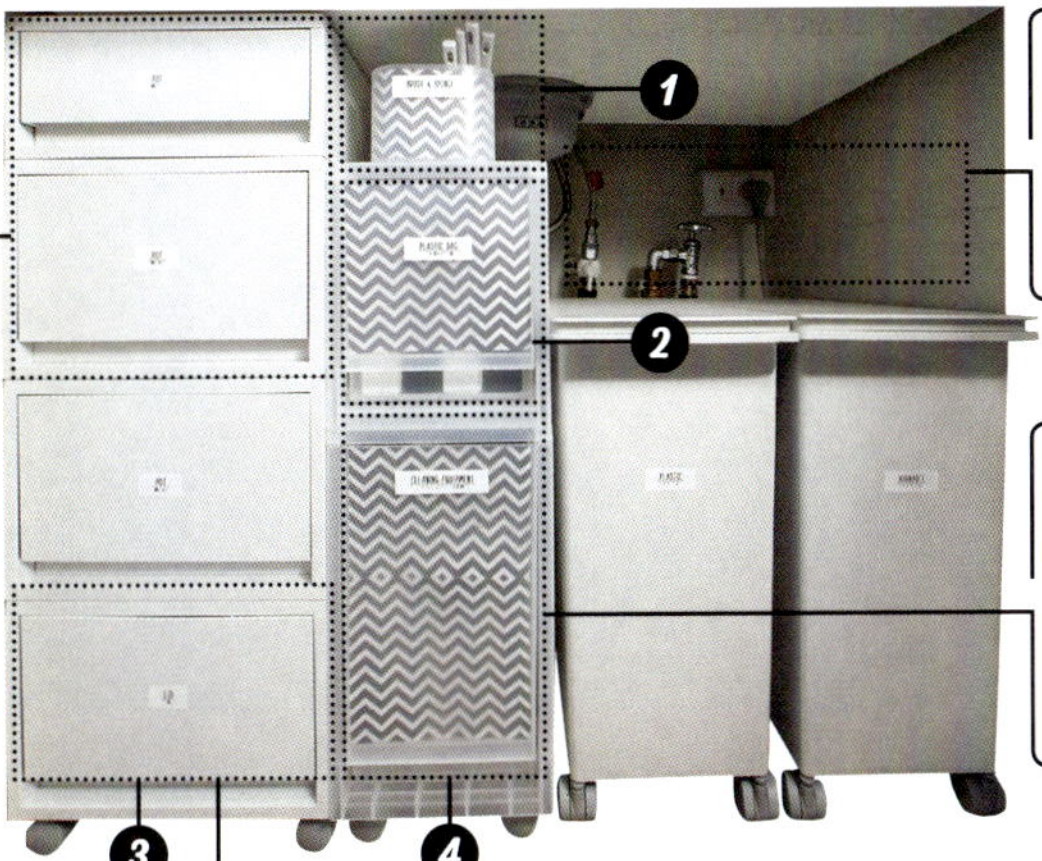

Check!

ゴミ箱のフタを開くための空間も考えた配置に。

Check!

折り紙で目隠し。モノトーンなら落ち着いたアクセントになります。

Check!

鍋は一つずつ引き出しに入れれば、衛生的にも◎。出し入れもしやすい！

❸

フタは取り出しやすくするために、引き出しに整理トレーを入れて斜めに収納。

❹ 洗剤類は全て詰め替えてモチベーションUP!

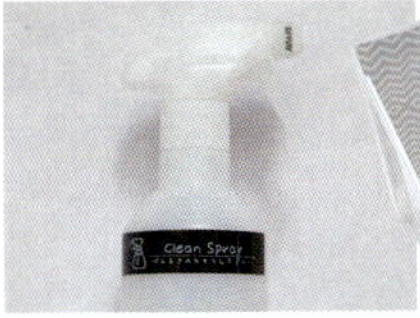

ラベリングも忘れずに

キッチン周りの洗剤はまとめて収納。ボトルをそろえると見た目も美しい！

【ゴミ箱】右ページと同じ、【ゴミ箱のフタ】ポリプロピレンフタが選べるダストボックス用フタ・縦開き用　約幅20.5×奥42×高3cm　❶【ボックス】ポリプロピレンメイクボックス・1/2横・ハーフ　約幅15×奥11×高8.6cm　❷【引出し】ポリプロピレン追加用ストッカー　約幅18×奥40×高21cm　❸【引出し】ポリプロピレンケース・引出式・深型・ホワイトグレー　約幅26×奥37×高17.5cm、【引出し（上）】ポリプロピレンケース・引出式・浅型・ホワイトグレー　約幅26×奥37×高12cm　❹【引出し】ポリプロピレン追加用ストッカー・深型　約幅18×奥40×高30.5cm、【キャスター】右ページ❸と同じ／その他著者私物

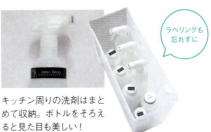

「見た目重視」か「家事効率重視」かで選ぶべきアイテムはまったく違う!

まず、キッチンのシンク下収納を作る前に知っておいてほしいことがあります。それは**「シンク下は温度が変化しやすく、湿気がたまりやすい場所である」**ということです。このことを知っていると、シンク下に「収納するべきではない物」や「使うべきではない収納用品の素材」などが明確になります。温度が変わりやすいということは温度に左右される食品を収納するのは不向きですし、湿気がたまりやすいということはカビが発生しやすいダンボール素材の収納用品は不向きです。また水回りなので水に濡れてもサッと拭ける、汚れてもサッと掃除できる素材であることも重要なポイントとなります。

また、**シンク下は「美しさを求める」のか「家事効率を優先するのか」で選ぶべきマイフィット収納が真逆になってくる場所でもあるように思います。**

シンク下には何かしらの「扉」や「引出し」がある場合が多いですが、そこを「開ける」という行為自体ですでにアクションが発生します。美しい収納を求める場合は、目隠しのためにさらに何かに入れると思いますが、そこでまたアク

便利アイテム!⑤

ポリプロピレンフタが選べるダストボックス

キッチンの見た目を大きく左右する「ゴミ箱」。無印良品の物は見た目がシンプルな上に、自宅の間取りや置く空間に合わせてフタの向きを選べる優れ物。このゴミ箱ならキッチンに出しっぱなしでもおしゃれ!

※フタは別売りです。

ミニマリストさんにとってのBの収納のメリット

ゴミ箱をシンク下に隠してしまうこの収納は、なるべく部屋に物を置きたくないというミニマリストさんにピッタリ！ 頻繁に使う調理の時にはゴミ箱を外に出してもOK。

マキシマーさんにとってのAの収納の注意点

収納できる鍋の数が限られた収納です。大きさの近い鍋なら重ねて入れることもできますが、取り出す時や戻す時のアクション数が増えてしまうので注意。

ションが増えます。ですが見た目重視ではない場合、オープンラックに物を収める、引出しにそのまま物を収めるという方法でアクション数を抑えることができます。「見た目重視」なのか「効率重視」なのか、というのは、実は収納用品選びに大きく関わることなのです。

そして、シンク下の収納を作り上げる時は、面倒でも「計測」が絶対に必要です。シンク下は配管が通っている場所でもあるので「収納スペースの形が変形している」ことがほとんどです。**よく見落としがちなのが掃除をしやすくするために設置するキャスターの高さです。**サイズが合わないものを購入してしまわないように空間サイズと収納アイテムのサイズには十分気をつけてください。

食器棚・引出し・シンク下と、キッチンは家族共有で使う場所です。だからこそ、「家族が自分で出し入れしてくれない」というお悩みが生まれやすい場所でもあります。**キッチン収納はどの場所に関しても「ひと目でわかるアイテムを選ぶ」「ひと目でわかる工夫をする」「出し入れしやすい場所に配置する」「出し入れしやすいアイテムを選ぶ」「出し入れしやすい工夫をする」ことで、家族が協力しやすい収納を作り上げることができます。**家族とコミュニケーションを取りながら作る過程を楽しみ、みなさんのご家庭ならではのマイフィット収納を探してみてください。

ニングシェルフ①はどっち?

とことんラク!

A

丸見えなのに雑然としない!
全部出しっぱなし収納

こんな人にフィット!

マキシマー

❶ アルバムは家族が集まる場所にまとめて

幼稚園や小学校の時期ごとにまとめて、いつの写真かわかるようにラベリング。

❷ 非常灯やモップは左右対称に配置

非常灯には蛍光シールを貼っておくといざという時に見つけやすい!

❸ 本は仕切り板で倒れ防止

この先も増える本は余裕を持って収納。読んだ本を利き手側に戻す習慣をつけると、読まない本が反対側に集まります。

Check!

お気に入りのインテリアを飾って気分をUP!

❹ 折り紙の色をラベル代わりに!

半透明のペン立てに折り紙を入れて、子どもにもわかるラベリング。

❺ スマホ・タブレット・携帯ゲーム置き場

→ 詳しくはP50

❻ お絵描きセットはシールでラベリング

ピンクは娘用、黒は息子用。シールは子どもにもわかりやすく、見た目も崩さないラベリング。

❼ 文房具

❽ 取扱説明書・ハガキ

❾ プリント

→ 詳しくはP50

❿ 幼稚園セットはまとめて下段に

幼稚園セットは、自分で支度ができるよう身長に合わせた低い位置に。ハンカチやティッシュも子どもがノーアクションで取り出せる高さのないボックスに収納。

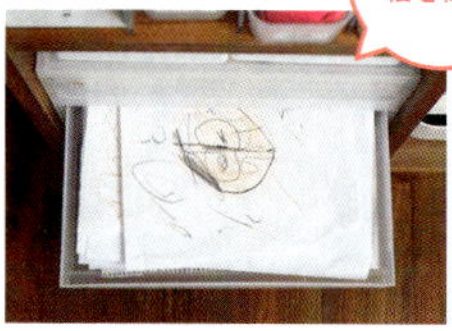

子どもの絵を保管

リュックも高さのないケースに。高さがないから取り出しやすく、ケースに入れることではみ出しが防げます。

ラベルもしっかりつける!

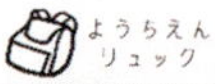

【棚】スタッキングシェルフセット・3段×3列・ウォールナット材　幅122×奥28.5×高121cm　❸【仕切り板】スチール仕切板　大・幅16×奥15×高21cm　❹【ペン立て】ポリプロピレンブラシ・ペンシルスタンド　約幅7.1×奥7.1×高10.3cm、【コの字棚】スタッキングシェルフ・コの字棚　幅37.5×奥28×高21.5cm　❻【引き出し(上二段)】ポリプロピレンケース引出式・横ワイド・薄型　幅37×奥26×高9cm、【引き出し(下)】ポリプロピレンケース引出式・横ワイド・浅型　幅37×奥26×高12cm　❿【コの字棚】❹と同じ、【ケース】やわらかポリエチレンケース・小　約幅25.5×奥36×高8cm、【ボックス】ポリプロピレンメイクボックス・仕切付1/4・横ハーフ　約幅15×奥11×高4.5cm　❺❼❽❾はP50に記載／その他著者私物

CASE 6 あなたにフィットするダイ

スッキリ美しい!

B 生活感がないのに暮らしやすい便利収納

＼ こんな人にフィット! ／

マキシマー　キレイ好き

いつ来客があってもOKな中を見せないインテリア

すべて引出しやボックスに入れ、統一感のある素材でそろえたスタイリッシュなダイニング収納。

❶ **日々増える書類は細かくフォルダに分けて!**

生命保険、学資保険など、重要書類は細かくフォルダに分けて保管。インデックスにラベリングをしっかりしておけば、必要な時にサッと取り出せる。

❷ **スマホ・タブレット**

➜ 詳しくはP51

Check!

余白をつくってグリーンを際立たせる。

❸ **文房具**

➜ 詳しくはP51

よく使う文房具は家族の共有スペースに置いておくと、いざという時に便利。

❹ **プリント**

❺ **ハガキ**

➜ 詳しくはP51

重ねて収納力をUP!

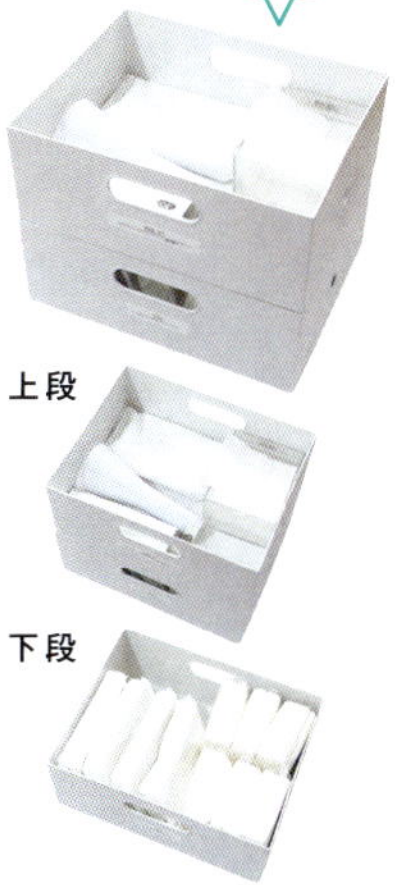

❻❼ 自分で身支度できる幼稚園コーナー

リュックと帽子は同じバスケットに入れ、ハンカチとティッシュは隣の引出しに。一つの場所で身支度できるので、「自分でできた!」が増える収納です。

❽ 掃除用品とストックはひとまとめに!

上段にはハンディモップやウェットティッシュといったササッと掃除の道具を。下段にはそのストックを入れてなくなったらすぐに補充。

❶【ボックス】ポリプロピレンファイルボックス・スタンダードタイプ・A4用・ホワイトグレー 約幅10×奥32×高24cm、【ファイル】発泡ポリプロピレン個別フォルダ A4用・4枚組・ホワイトグレー ❷❸【引出し】スタッキングチェスト・引出し・4段／ウォールナット材 幅37×奥28×高37cm ❺【引出し】スタッキングチェスト・引出し・2段／ウォールナット材 幅37×奥28×高37cm ❻【カゴ】重なるラタン長方形バスケット・特大 約幅36×奥26×高31cm ❼【引出し】スタッキングチェスト・引出し・4個／ウォールナット材 幅37×奥28×高37cm ❽【ボックス】ポリプロピレンファイルボックススタンダード・幅25cmタイプ・1/2・ホワイトグレー 約幅25×奥32×高12cm ❹はP51に記載／その他著者私物

あなたにフィットする
ダイニングシェルフ①
はどっち？

家族共有の物が集まるダイニング収納は家族みんながキープできる収納が鍵！

ダイニングは家族みんなが集まる場所です。ということは家族みんなが必要とする物、そして「家族みんながあれば便利」と思う物を収納したい場所でもありますよね。とはいっても、「ダイニングはごちゃごちゃさせたくない、見た目を悪くしたくない」と思っている方が多いのではないでしょうか。おそらく、来客時のことを考えると、「やっぱりスッキリさせたい！」と思ってしまいますよね。

私も、以前までは「毎日目について、来客時に目立つ場所だし」と「見た目重視」なダイニング収納を目指してしまっていたと思います。実は、「見た目重視の収納」を作り上げることは簡単です。ですが、それを「維持することが難しいのがダイニング収納」だと私は感じました。なぜならば「家族みんなが使う収納」だからです。**どんなに見た目を良くしても「家族が維持できる収納」でなければ美しさを維持できず散らかりますし、「自分ばかりが毎日片づけている」という状況になりかねません。**家族が集まるダイニングだからこそ、自分も家族も笑顔でいられる場所にしたいですよね。

便利アイテム！⑥

発泡ポリプロピレン個別フォルダ

日々増えていく紙類は、面倒でもひと手間かけて細かく分類しておくと管理するのがとてもラク。細かく分けてスリムに収納できる個別フォルダは書類整理の強い味方です。見た目がシンプルでスッキリした印象なのもポイント。

マキシマーさん にとってのBの収納のメリット

そのまま使うと上の空間があまりがちなスタッキングシェルフですが、引出しを入れれば空間が仕切られるので、ムダな余白を作らずたくさんの物が収納できます。

キレイ好きさん にとってのAの収納の注意点

細かな収納物が多いダイニングの出しっぱなし収納なので、出し入れはラクですがホコリ被りは避けられません。お掃除の時にはこまめに物を動かす必要アリ！

まず、これからダイニングを作り上げていく方は、「ダイニングでの過ごし方」や「家の間取り」を考慮した、そして「先を見越した」収納家具を選ぶことをおすすめします。ダイニングでの過ごし方を意識すると、どのくらいのサイズの収納家具が必要なのかが想像できます。ダイニングで必要になる物は案外奥行きのない物が多く、奥行きのあり過ぎる収納家具を選んでしまうと空間が圧迫されるだけになってしまうので注意が必要です。そして間取りを考えた時に、どこに置くのかによっても収納家具のサイズや形は変わってきます。**窓の位置やコンセントの位置、生活する上での動線を考え置く場所を決定しないと、暮らしを助けてくれるはずの収納家具が「生活しづらくさせる」ということが起こってしまうので注意してください。**そしてこれから家族が増えるという方や、子どもがまだ幼い方は、収納家具が先々増えゆく物に対応していけるのかという部分も考えておくと、収納家具選びで失敗することがないと思います。わが家は現在の家に引っ越して来た時、子どもはまだ一人だけで、使用しているスタッキングシェルフは3段3列の物でした。ですが子どもが二人になり、当然ダイニングで必要な物も倍となり、現在は4列になりました。こんな風に、**物が増えた時に追加できる収納家具は「家族みんなが笑顔になれる場所」を作り上げる時の強い味方となってくれます。**

ングシェルフ②はどっち？

とことんラク！

A ポイッと入れてサッと取り出す簡単収納

普段置き場に困ってしまう家族共有の細かい物。とことんラクな収納ワザをご紹介！

スマホ・タブレット

仕切りで作る充電ステーション！

コンセントの近くなら充電もできる！

スマホやタブレット、携帯ゲーム機は、仕切りを背中合わせに入れて分類収納！ 充電器も一緒に個別のケースに入れるだけ。

文房具

家族みんなに使いやすく！

文房具はキャリーボックスにまとめると、そのままテーブルに出せる！ 収納を維持するため、子どもでもわかるように絵文字のラベルに。

ラベルで子どもでも戻せる！

まとめて持ち運びできる！

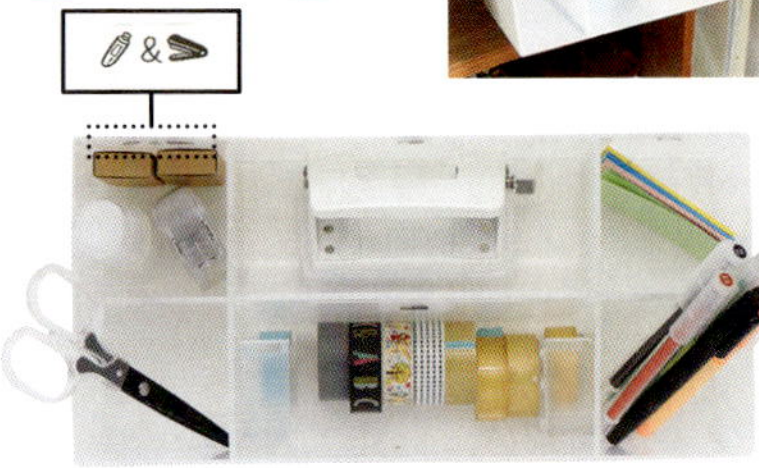

ハガキ

メイクボックスにポイッと入れるだけ！

光熱費のお知らせなど、しばらく取っておきたいハガキを保管。

プリント

つっぱり棒でプリントが自立する！

人別に分けてあるファイルボックスにスッと入れるだけ。

取扱説明書

少なくても倒れないから取り出しやすい

ファイルボックスを立ててシェルフに入れるだけの簡単収納。

[文房具]【ボックス】ポリプロピレン収納キャリーボックス・ワイド　約幅15×奥32×高8cm　[スマホ・タブレット]【仕切り】アクリル仕切りスタンド3仕切り・約幅26.8×奥21×高16cm、【ケース】ポリプロピレン整理ボックス2　約幅8.5×奥25.5×高5cm　[取扱説明書]【ボックス】ポリプロピレンファイルボックス・スタンダードタイプ・A4用・ホワイトグレー　約幅10×奥32×高24cm　[プリント]【ボックス】ポリプロピレンスタンドファイルボックス・A4用　約幅10×奥27.6×高31.8cm　[ハガキ]【ボックス】ポリプロピレンメイクボックス・1/2　約幅15×奥22×高8.6cm／その他著者私物

CASE 7 あなたにフィットするダイニ

スッキリ美しい!

B どこにあるか探しやすい! 棚・箱で仕切り収納

案外何を入れるか悩む引出し。ちょっとのコツでずっと維持できる美的収納に!

スマホ・タブレット

仕切りケースでコードもスッキリ!

充電器やイヤホンなどアクセサリも同じ引出しに収納。コンセントの近くなら、引出しの穴からコードを通してそのまま充電できる!

文房具

開けたらひと目でわかる引出し

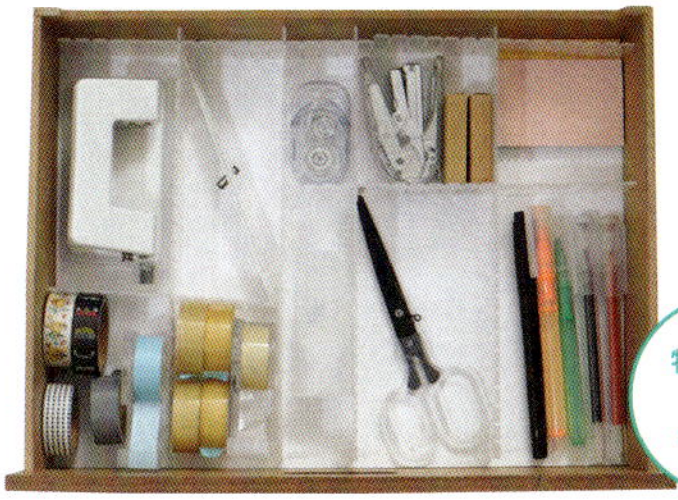

物を戻す場所がわかる!

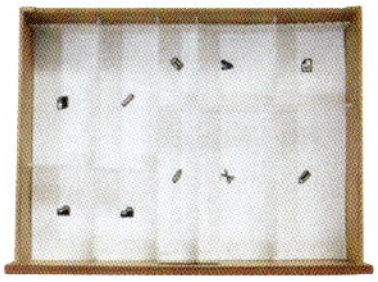

サイズを調整できる仕切りで収納物に合わせたスペース作り。底には子どもでもわかる絵文字ラベルで使った物を元に戻せるように。

ハガキ

EVAケースでコンパクトに保存!

家計に関わる大事なハガキは探しやすいようにしっかり分類。

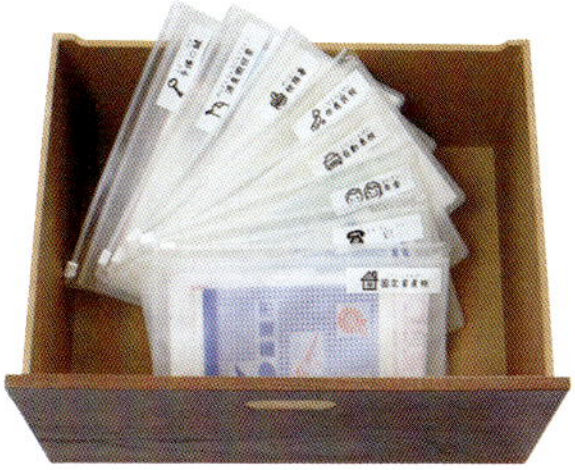

プリント

ファイルに入れてラベルで分類!

ごちゃつく紙は見せない収納に。子どものテストも美しく保管。

取扱説明書

部屋ごとにまとめてファイリング!

キッチンなら冷蔵庫や電子レンジのトリセツを一緒にファイル。

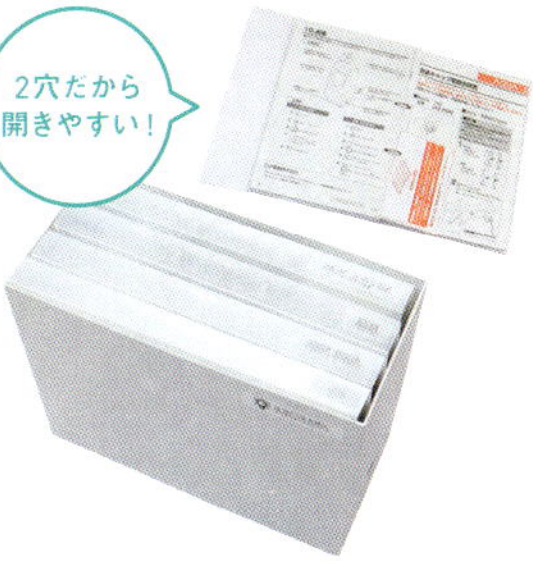

2穴だから開きやすい!

［文房具］【仕切り】ポリスチレン仕切板・小・5枚入り 約幅36×奥0.2×高4cm ［スマホ・タブレット］【下段引出し内トレー】（左）ポリプロピレンデスク内整理トレー２ 約幅10×奥20×高4cm、（右）ポリプロピレンデスク内整理トレー３ 約幅6.7×奥20×高4cm ［取扱説明書］【ファイル】ポリプロピレンファイル（リング式） A4ワイドサイズ・2穴・40mm幅 、【ボックス】ポリプロピレンファイルボックス・スタンダードタイプ・A4用・ホワイトグレー 約幅10×奥32×高24cm ［プリント］【ファイル】2穴ファイル 50mm パイプ式 A4・金具幅50mm・ダークグレー ［ハガキ］【ケース】EVAケース・ファスナー付 B6／その他著者私物

欲張りだけど叶えたい！「使いやすく維持しやすくおしゃれ」な収納

家族みんなが使うダイニングの収納を「家族が使いやすく戻しやすく維持しやすい」実用的な収納にするには、まず「何をどこに収納するのか」がポイントとなります。家族の身長に合わせ、それぞれがラクに出し入れできる場所を選びます。極端なことを例に出すと、2歳の子が使うおもちゃを一番上の引出しに収納しても自分で出し入れできないですよね。その子が自分で取れるようにするには「手が届く位置に収納を作ってあげること」が必要になります。

次に気にしたいのが**「使う人に合わせた収納方法とアイテム選び」**です。例えば先ほど例に出した2歳の子が使うおもちゃを、フタ付きのボックスに収納するのか、または引出しに収納するのか、そのままポイッと入れることができる高さのないボックスに入れるのかで維持できるかどうかが変わってきます。

また、収納アイテムを選ぶ時に「その物はどこでどんな風に使うか」も考えてみてください。例えば家族みんなが使う文房具をダイニングに収納するとします。その文房具をそこでしか使わないなら引出しに収納する方法でいいのです

便利アイテム！⑦

ポリスチレン仕切板

close up!

どんな収納用品や収納家具とも相性のいい仕切板は、ごちゃつき防止の強い味方！ 収納する空間や収納物に合わせて自分でサイズを決められます。高さが3サイズあるので引出しの深さに合わせて選べます。

キレイ好きさん にとってのBの収納のメリット

引出し収納が多いので、ホコリ被りの心配なし！ ファイルなど引出し以外の収納もアイテムをそろえれば高さがそろうので、ハンディモップでサッとお掃除しやすい！

マキシマーさん にとってのAの収納のメリット

日々増えるプリントやハガキの収納に「つっぱり棒」や「メイクボックス」を使えば、量が増えても崩れにくい収納に。出し入れのアクション数も少ないので、維持しやすい！

が、家族の誰かがリビングに持ち運んで使うことが多い場合は、引出しではなく、持ち運びできるアイテムにひとまとめにしたほうが使い勝手がいいですよね。

収納方法や収納アイテム選びは「家族の性格」も関係してきます。例えば家族の中に「わざわざ引出しから出すのも戻すのも面倒！」という人がいる場合は、確実に出しっぱなしのほうが収納を維持しやすいはずです。**どうしても見た目ばかりにこだわった収納を目指してしまうと「家族の性格に合わない収納＝維持できない収納」になってしまうので注意してください。**

実は見た目のいい収納は「出しっぱなし」でも作ることが可能です。例えば、**収納用品の素材や色を合わせたり、置く時に面を合わせたり、左右対称に物を配置したりと、ちょっとした工夫で「物が出しっぱなしなのに何だか美しい！」という印象になります。**特に無印良品のスタッキングシェルフの場合は、それぞれの枠が同じサイズなので、デザインしやすいのが嬉しい部分でもあります。

収納ができても維持できなければ、確実に家は散らかってしまいます。それを防ぐには「維持するためのひと手間」も必要な場合があります。「これは誰の物なのか」「何がどこにあるのか」「何をどこに戻すのか」を知らせる**「ラベリング」は維持するための強い味方となります。**文字・絵文字・色など、ラベリングも色々あるので、ぜひご家庭に合ったマイフィットなラベリングを見つけ出してください。

テレビボードはどっち？

\ こんな人にフィット！ /

とことんラク！

A

家族みんなが使いやすい！ 開けたらひと目でわかる収納

❶ スタッキングで収納量UP！

ヘアゴムなどの小さい物は細かく分類すると探しやすい！ 飾りのありなしや形、色など自分や子どもが使いやすい分類にカスタマイズ。

頻繁に使うお掃除セットはノーアクションで取れるように出しっぱなし！

お掃除セットはテレビ台上

見やすい位置にラベリング！

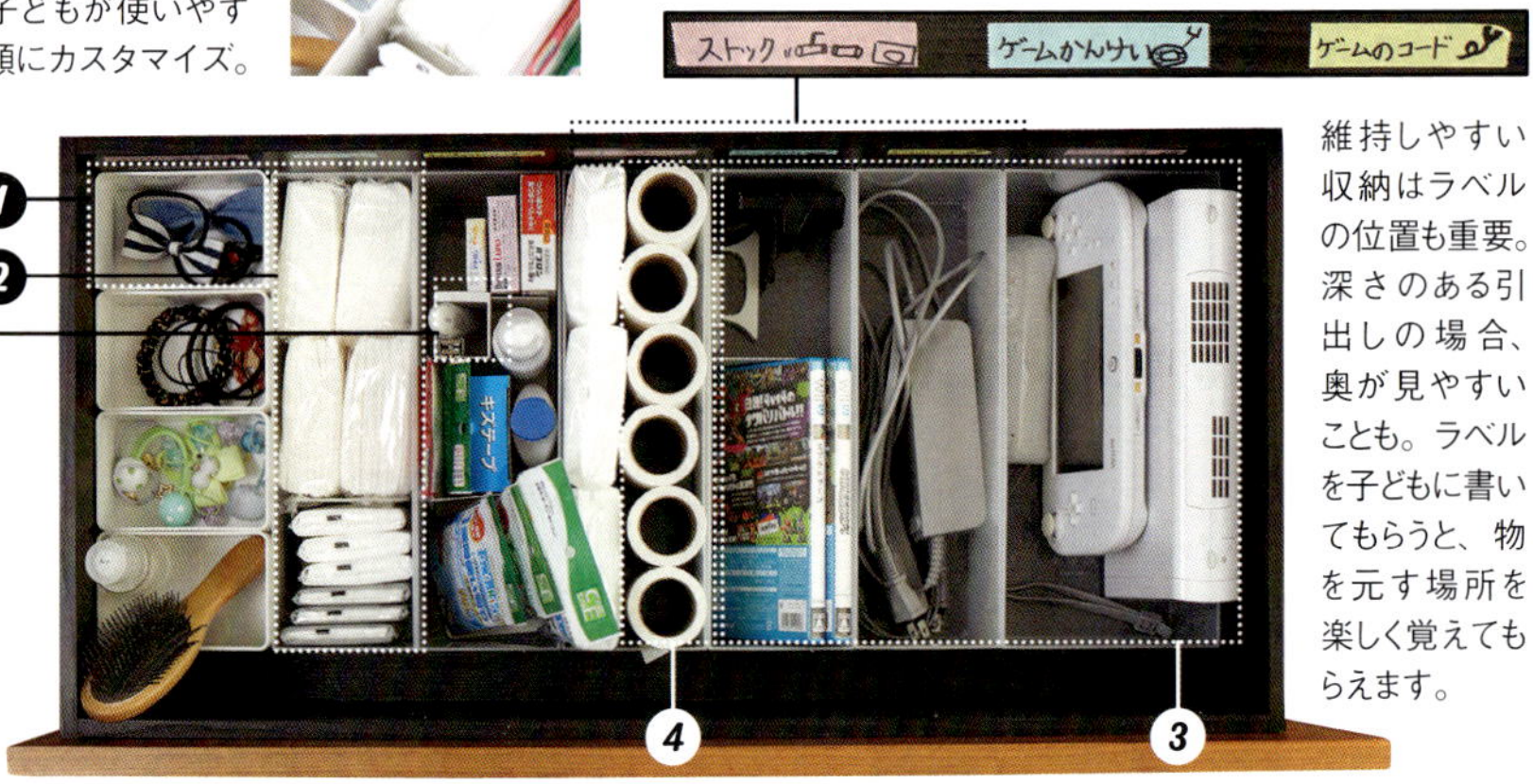

維持しやすい収納はラベルの位置も重要。深さのある引出しの場合、奥が見やすいことも。ラベルを子どもに書いてもらうと、物を元す場所を楽しく覚えてもらえます。

Check!

爪切りや小さいアイテムは、仕切りにペンポケットを引っかけて埋没防止！

ゲーム機はまとめて収納！

❸ 本体と一緒にしまいがちな電源コードは分けたほうがスッキリ！

❷ ティッシュや救急セットは仕切ってごちゃつき防止

収納物の量に合わせて位置を調整できる仕切りなら、物が増えても対応できるし、減っても物が横にならず見た目もGOOD！

❹ ストックはひとまとめにして収納！

細長い形状の物は立てる収納が取り出しやすい！

【テレビ台上の掃除道具】(左)マイクロファイバーミニハンディモップ 約長さ33cm (右)掃除用品システム・カーペットクリーナー 約幅18.5×奥7.5×高27.5cm ❶【ケース】ABS樹脂ボックス・1/8 A7サイズ 約幅8×奥12×高7cm ❷❹【ボックス】ポリプロピレンファイルボックス・スタンダードタイプ・1/2 約幅10×奥32×高12cm、【仕切り】スチール仕切板 小・幅10×奥8×高10cm、【ペンポケット】ポリプロピレンファイルボックス用・ペンポケット 約幅4×奥4×高10cm ❸【一番右のボックス】ポリプロピレンファイルボックス・スタンダードタイプ・ワイド・1/2 約幅15×奥32×高12cm／その他すべて著者私物

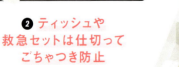

CASE 8 あなたにフィットする

スッキリ美しい！ B

引出しの高さを活かしたテトリス収納で収納量UP！

＼ こんな人にフィット！ ／

マキシマー　キレイ好き

Check!

ゲーム　掃除用品　ストック

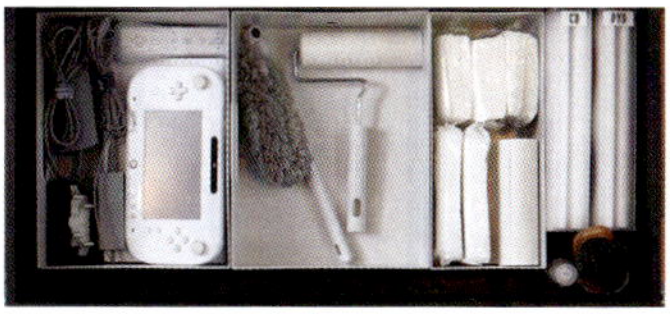

ストックをひとまとめ！

重ねられるアイテムで収納スペースを増やす！

下にボックスを入れて引出しの高さを活かした2段収納。上段の物は下段のフタごと一気に動かせます。

下にある箱のフタを開けると

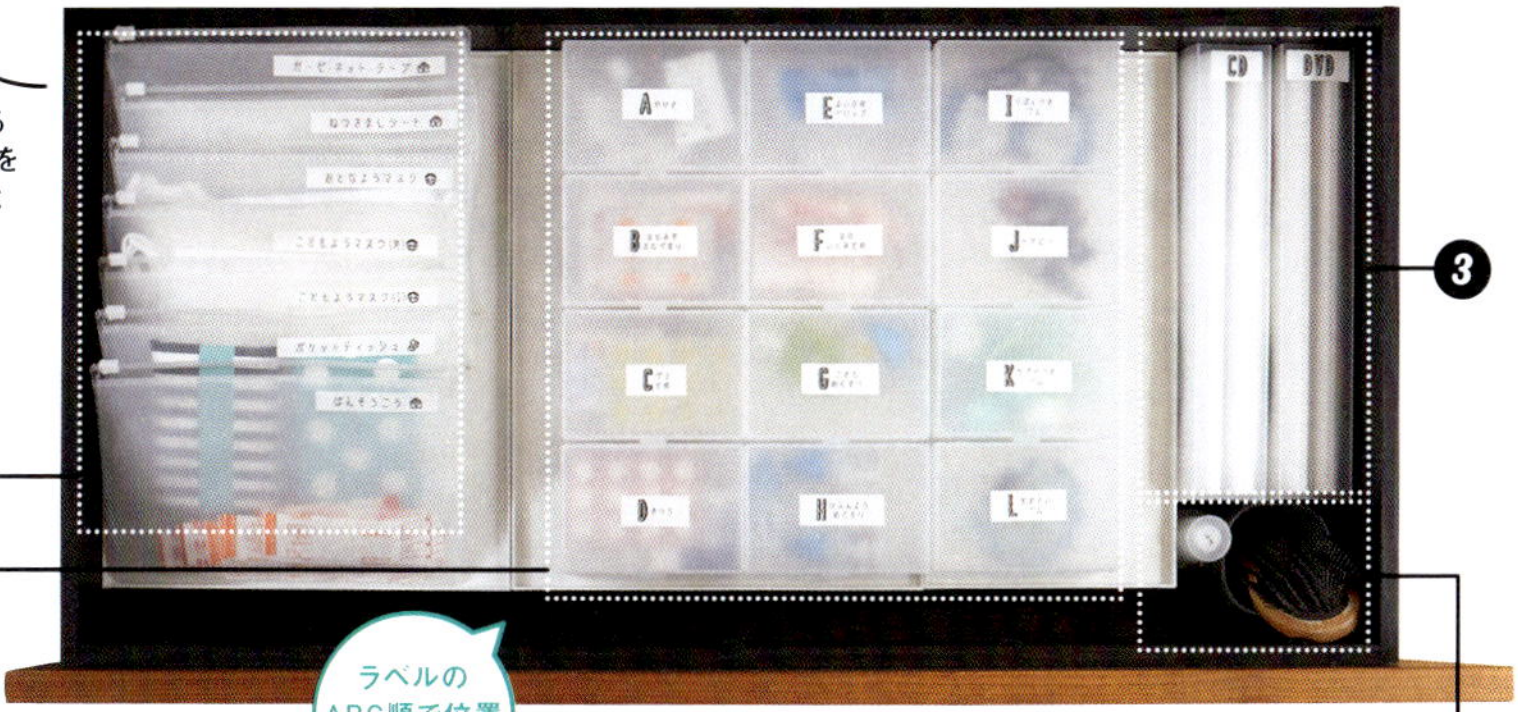

ラベルのABC順で位置をキープ！

Check!

朝使用するブラシはケースに立てて収納！

❷ ヘアゴムと薬は同じサイズのケースに収納

中身が見える半透明ケースに。形がそろうので美しく収納しやすい！

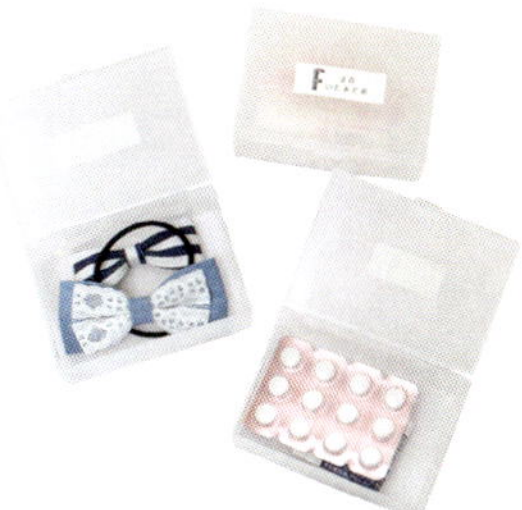

❶ マスクやばんそうこうは箱から出してコンパクト化

できるものはすべてコンパクトにして収納量UP！ マスクはサイズごとに分類すると使いやすい！

❸ CD/DVDはファイル収納でコンパクトに

ケースから出せばスリムに収納できてたくさん保管できます。

[下段]【ゲーム・掃除用品のボックス】ポリプロピレンファイルボックススタンダード・幅25cmタイプ・1/2・ホワイトグレー　約幅25×奥32×高12cm、【フタ】ポリプロピレンファイルボックススタンダード用キャスターもつけられるフタ　幅25cm用・ホワイトグレー、【ストックのボックス】ポリプロピレンファイルボックス・スタンダードワイド・ホワイトグレー・1/2 約幅15×奥32×高12cm、【フタ】ポリプロピレンファイルボックススタンダード用キャスターもつけられるフタ　幅15cm用・ホワイトグレー　❶【ケース】EVAケース・ファスナー付 B6　❷【ケース】ポリプロピレン小物ケース・L　幅11×奥7.5×高4.6cm　❸【ファイル】ポリプロピレンCD・DVDホルダー・2段　20枚収納(40ポケット)【ブラシ立て】ポリプロピレンブラシ・ペンシルスタンド 約幅7.1×奥7.1×高10.3cm ／その他すべて著者私物

あなたにフィットする
テレビボード
はどっち？

収納量が増えて見た目も美しい！
空間を最大限活かす「テトリス収納」

家族がくつろぐ時間の長いリビングは、細々としたアイテムやテレビ・ゲーム関係の物も多く集まる場所ですよね。かといって、物が増えるたびに収納家具を増やしてしまったら、空間が圧迫され、「何だか落ち着かない、くつろげないリビング」になってしまうかもしれません。収納家具を増やすことはリビングをスッキリさせる方法の一つですが、**物が多くても既存の収納家具をよく知り、収納方法で収納量を上げて対応するというのもスッキリを保つ有効な方法です。**

私は随分前から「テトリス収納」を味方につけて物との付き合いを楽しんでいます。片づけのプロとして活動している私も「物が捨てられない」「大好きな物は多く持ちたい」というタイプです。そして「家族が大好きな物は多く持っていてもいい！」という考え方なのでわが家は物が多いのです。ですがスッキリを維持させるために、その分収納家具を増やすのではなく、「テトリス収納で収納量をアップさせる」という方法で対応しています。

テトリス収納とはゲームの「テトリス」から名づけました。その**ゲームの要領**

便利アイテム！⑧

EVAケース・ファスナー付き

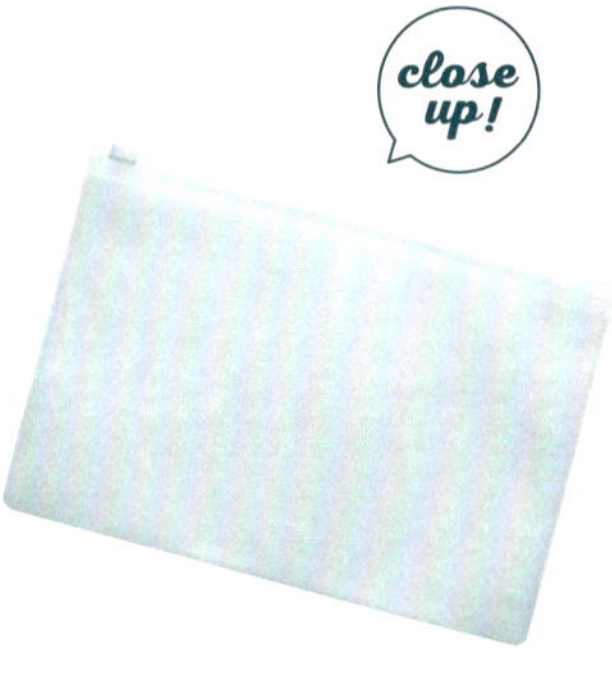

箱やケースから出した物をコンパクトに収納できる上、中身がひと目でわかる優れ物。半透明なのでごちゃごちゃとした印象にもならない！ 物が多くて見た目もこだわるタイプの強い味方！ 小さな子どもでも安心して使えるアイテム。

マキシマーさんにとってのBの収納のメリット

すべての小物や薬をパッケージから出してコンパクト化した収納なので、収納量はMAX！ 薬は用法・用量を書いた説明書も一緒にケースに入れれば、箱がなくても大丈夫！

ミニマリストさんにとってのAの収納のメリット

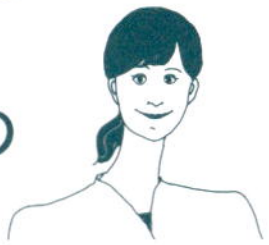

ボックスで空間を仕切った中にさらに細かく仕切りを入れ、位置も調整できるので、持ち物が少ない人でも物が横に倒れず、取り出しやすい！ 見た目も崩れにくい収納です。

で色々な物を組み合わせてはめこみ、作り上げるのが「テトリス収納」です。

一つの引出しでも、上・下・手前・奥で考え、収納用品をうまく組み合わせて2列にしたり2段にしたり。そうすることで収納量がぐっとアップします。

リビングに置かれる収納家具の引出しは意外と高さのある物が多く、物を収納してみて「あれ？ 上の空間が何だかもったいない」と感じたことはないでしょうか？ そんな時はスタッキングできるアイテムを多用して空間を分けて収納を作り上げていくと、思った以上に収納量は上がります。これから収納を考えるという人も、スタッキングできるアイテムや後からフタをつけられるアイテムを選んでおくと、将来物が増えた時にテトリス収納が作りやすくなると思います。

また、大きなボックスのフタ自体をテトリス収納に活かし、フタの上に小さな収納のケースを並べたとします。この場合、収納量が上がるだけではなく、下の物を取る時にフタを利用することでケースを一気に動かせてラクです。**うまく組み合わせることで整った印象にもなるので「物が多いけれど見た目もこだわりたい」という人にもおすすめです。**

無印良品は、どのアイテムも考え抜かれたサイズで作られているので、収納アイテム同士の相性が抜群で、テトリス収納に最適です。ゲームをする感覚でテトリス収納を取り入れた「マイフィット収納」を楽しんでみてください。

本棚はどっち？

とことんラク！

A サイズが違う本でもたくさん入って取り出しやすい！

こんな人にフィット！

マキシマー

手前の本を動かせる

Check!

フタを開けると文庫をピッタリサイズで収納！

❶ お気に入りの本は集合写真収納

前後の収納の高さを変えることで後ろに入っている物も存在を忘れない！

Check!

雑誌が増えてきたらスクラップ。ワイドサイズのファイルなら大きめの雑誌もキレイに入る。

❷ コの字棚で上のスペースを有効活用

上段のカゴは背を上にそろえれば、タイトルを確認しやすい！

❸ 仕切りを入れて倒れ防止！

右利きの子なら本を右に戻す習慣をつけると、読まなくなった本が左にたまります。

子どもの小さい本も収納！

❹ アクリル棚でサイズ別収納！

❺ これからも増えるマンガは余裕のある収納に

もう16冊入る！

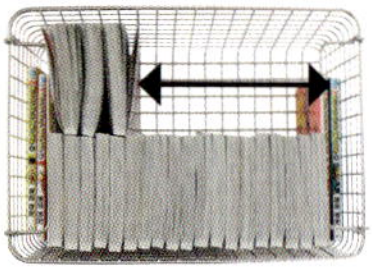

連載が続いている本は続巻を入れるスペースを空けておくと収納が崩れない！

❻ カゴの中はシリーズごとに！

本の高さもそろって美しく、探しやすくなります。

Check!

保存用の雑誌は背を正面にして下段に保管。

【棚】スタッキングシェルフセット・3段×2列・オーク材 幅82×奥行28.5×高121cm ❶【ボックス】[手前]ポリプロピレンファイルボックス・スタンダードタイプ・ワイド・1／2 約幅15×奥32×高12cm（[奥]ホワイトグレー）、【フタ】ポリプロピレンファイルボックススタンダード用キャスターもつけられるフタ 幅15cm用・ホワイトグレー ❷【カゴ】18-8ステンレスワイヤーバスケット2 約幅37×奥26×高8cm、【コの字棚】スタッキングシェルフ・コの字棚 幅37.5×奥28×高21.5cm ❸【仕切り】スチロール仕切りスタンド・ホワイトグレー 3仕切り・大・約幅270×奥210×高160mm ❹【コの字棚】アクリル仕切棚・大 約幅26×奥17.5×高16cm ❺❻【カゴ】18-8ステンレスワイヤーバスケット4 約幅37×奥26×高18cm、【雑誌のスクラップファイル】ポリプロピレンソフトフィルムクリアホルダー A4ワイド・40ポケット／その他すべて著者私物

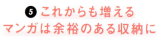

CASE 9 あなたにフィットする

スッキリ美しい!

B

素敵なお気に入りを飾るインテリアとしての本棚

＼ こんな人にフィット! ／

ミニマリスト　キレイ好き

❶ マンガも箱に入れれば生活感が出ない!

色がにぎやかなマンガ本も、中が見えない箱に入れれば見た目スッキリ。増えていくことがわかっている本は余裕のある収納を。

❷ 雑誌の裏にも収納が!

つっぱり棒で支えられた雑誌の裏にメイクボックスを重ねて設置。読みかけの本は立てて、当分読まない本を下に。

Check!

家族共有の本棚はラベリング必須。イニシャルだけなら悪目立ちせずおしゃれ!

Check!

お気に入りの写真やハガキでインテリアを演出。

❹ 出し入れがラクな場所は子どもの本を収納

扉を開けるだけですぐ取れるワンアクション収納。

❸ よく読む本はここに入るだけ!

美しい収納を保つには「入る分しか持たない」努力を!

❻ シリーズ、ジャンル別に引き出し収納

A5サイズが高さピッタリ! 引出し収納はタイトルがひと目で確認できて便利。

❺ カゴの中は仕切って人別にする

本を出して上から見ると

雑誌や大きい本を入れるカゴの中には仕切りを! 冊数が少なかったり、薄い雑誌でも自立してキレイにしまえます。

❶【ボックス】ポリプロピレンファイルボックススタンダード・幅25cmタイプ・1/2・ホワイトグレー　約幅25×奥32×高12cm、【フタ】ポリプロピレンファイルボックススタンダード用キャスターもつけられるフタ　幅25cm用・ホワイトグレー　❷ポリプロピレンメイクボックス・1/2 約幅15×奥22×高8.6cm　❸【ボックス】ポリプロピレンスタンドファイルボックス・ワイド・A4用・ホワイトグレー　約幅15×奥27.6×高31.8cm、トタンボックス・フタ式・小　約幅20×奥26×高15cm　❹【扉】スタッキングシェルフ用扉・アクリル 1枚、【コの字棚】右ページ❹と同じ　❺【カゴ】重なるラタン長方形バスケット・特大　約幅36×奥26×高31cm、【仕切り】右ページ❸と同じ　❻【引出し】スタッキングチェスト・引出し・2段／オーク材　幅37×奥28×高37cm／その他すべて著者私物

あなたにフィットする

本棚 はどっち？

快適な本棚のキーワードは「サイズ別・目的別・人別」！

「ラクな本棚」にしろ、「見た目重視の本棚」にしろ本棚の収納を作る上で大切なのは「サイズ別・目的別・人別」を意識するということです。

まずは「サイズ別」。ひと言で「本」といっても大きさはさまざまです。**サイズ別にすると収納が考えやすくなり、空間をムダなく使うことができます。**

そして**「目的別」にすることにより、収納方法が明確になり収納アイテムも迷わず決めることができる上、収納位置も決めやすくなります。**同じ本でも「毎日読む本」「保管しておく本」「連載もので集めている本」というのは収納方法も収納位置もまったく違ってきます。当然「毎日読む本」は出し入れのしやすさが大切です。タイトルが見えるように縦に並べれば迷わず手に取れますよね。ですがこの場合は収納方法が限定されてしまうので収納量を上げることが難しくなります。**「保管する本」は多少出し入れしづらくても保管さえできればいいという考え方で収納方法や位置を決められます。**本のタイトルが見えない収納でも、重ねる収納でも、奥にしまいこむ収納でも問題ないので、収納方法にバリエーショ

便利アイテム！⑨

close up!

スタッキングシェルフ用扉

本をたくさん収納すると雑然とするスタッキングシェルフも、この扉を利用すればおしゃれに早変わり！ 好きな写真を挟めばインテリアとしても楽しめます。簡単に開けられるので、ズボラさんや子どもの本収納にも最適！

キレイ好きさんにとってのBの収納のメリット

気がつくとホコリがたまりやすい本棚も、ケースや箱、扉や引出しに入れればお掃除ラクラク！ 長く大切にしたい本の日焼けによる色褪せも防げるので、保管にもピッタリ！

ミニマリストさんにとってのAの収納のメリット

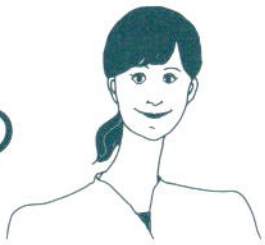

本を大量に持たない人はP46～のダイニング収納とミックスするのも手。「下段は子どもの物・中段は本・上段にスマホや書類」など、自分なりにカスタマイズを。

ンが生まれ、その分収納量を上げることができます。**ですから、本を多く持ちたいという方は「それぞれの本の目的」を明確にすることが大きなポイントです。**「連載ものの本」を集めているという場合は、あらかじめ空間を確保し、余裕を持った収納をおすすめします。そうでないと、増えるたびに収納が崩れ、また作り直すことになってしまうからです。

また、「コンパクト化する」のも一つの方法です。雑誌には広告ページが多いので、「必要なページをファイリングする」だけでも空間の確保につながります。

あともう一つ、本を減らしたい人や、本棚の収納を一定数で維持したいという人に効果的な方法があります。それは**いつも本を読んだ時に、「読んだら必ず自分の利き手側に戻す」というクセをつけることです。**そうすることで「全く読んでいない本」が反対側にたまり、「減らす候補」が見えてきます。

最後に「人別」です。他の場所と同様に、本棚も使う人に合わせた収納でなければ維持ができません。例えばファイルボックスに本を入れ、それを棚に置くと、本を取り出す時に必ず「ファイルボックスを引く」作業が生まれます。小さな子どもやズボラな人にとっては「面倒な収納」となり、維持しづらくなります。

無印良品には本棚で使えるアイテムがたくさんあるので、「サイズ別・目的別・人別」を頭に入れ、家族みんなが快適に使える本棚を作り上げてください。

クローゼット①はどっち？

とことんラク！

A ただ置くだけ！ 掛けるだけ！ アクションを最小限に!!

こんな人にフィット！

マキシマー

❶ バッグも帽子も掛けるホルダー収納！

バッグや帽子の収納はすぐに取り出せるようにホルダーを使用。メッシュなので、中身もひと目でわかります。

シャツポケットに帽子をIN！

【帽子収納】吊るせる収納・シャツポケット　約幅41×奥0.5×高80cm、【バッグ収納】吊るせる収納・バッグポケット　約幅41×奥0.5×高80cm

Check!

毎日使うバッグは衣装ケースに置くだけ。お出かけバッグは吊るしたホルダーでスリムに収納。

衣装ケースの中はP66で詳しく解説！

❷ 冠婚葬祭用の服は奥に掛ける！

クローゼットの奥につっぱり棒を使用して、普段は着ることのない冠婚葬祭用の服を収納。持ち物の多い人はデッドスペースをうまく活用しましょう。

❸ タオルハンガーでデッドスペースを活用

ベルト類はしまい込まずに、自分が取りやすい高さに設置したタオルハンガーに引っかけるとラク！

【タオルハンガー】アルミタオルハンガー・吸盤タイプ　約幅41×奥6cm
※木材に吸盤をつける時は、100均などで販売されている吸盤補助板を使用してください。

❹

アクセサリーはトレーにひとまとめにすれば、一目瞭然で探す手間なし！ その日に着ける物を選ぶ時は、トレーごと鏡の前に移動してフィッティングできます。

【トレー】木製 角型トレー　約幅27×奥19×高2cm

CASE 10 あなたにフィットする

スッキリ美しい！ B

天然素材を取り入れた中身を見せない整然収納

＼ こんな人にフィット！ ／

ミニマリスト　キレイ好き

❶ 毎日使うバッグをすっきり収納！

カゴに入れることで、バッグの定位置を確保。定位置をしっかり決めておくと、自然と出しっぱなしが減ります。

Check!

おしゃれなタグの裏には内容物を記載。

Check!

シーズンオフの物は、型崩れしないように細かく分類して収納。シールが貼れない天然素材にはタグ形式のラベリングを。

【ボックス左】重なるラタン長方形バスケット・特大 約幅36×奥26×高31cm、【フタ】重なるラタン長方形バスケット用フタ 約幅36×奥26×高3cm、【ボックス右】ポリエステル綿麻混・ソフトボックス・角型・小・フタ式 約幅35×奥35×高16cm

Check!

丈の長い服と短い服は掛ける位置を分けると、下のスペースが使いやすい。

❷

よく使うアクセサリーはアクリルケースにひとまとめ。ホコリ被りも防げます。

❶【ボックス】重なるラタン角型バスケット・大 約幅35×奥36×高24cm、❷【アクリルケース】アクリルメガネ・小物ケース 約幅6.7×奥17.5×高25cm

衣装ケースの中はP67で詳しく解説！

❸ 中身が見えないフタなしアイテム！

ポイポイ入れるだけでも雑に見えないのでおすすめ。入れ方を間違えると下の物が取りにくくなるので注意！別売りのフタを使えば2段にできて収納量をUPできます。

【ボックス】やわらかポリエチレンケース・ハーフ・大 約幅18×奥25×高24cm

あなたにフィットする
クローゼット①
はどっち？

「収納に合わせた物の持ち方」より「物の持ち方に合わせた収納」作りを！

みなさんが「クローゼットをキレイにしたい！」と思った時にまず考えるのは「服を減らすこと」ではないでしょうか。たしかに、「特別な思い出もなく」「1年以上着ていない」服をずっと持ち続けることは、クローゼットの中身を管理しづらくなる原因にもなります。ですが、「減らすこと」だけが、快適なクローゼットを作る方法ではありません。服が大好きでたくさん持っていたい人であれば、服をむやみに減らす必要はないのです。そもそもその考え方こそが、「マイフィット収納」からかけ離れてしまう原因の一つです。

服を多く持ちたい人は「いかに収納量のある収納にするか」、「服は着まわし重視！少なくていい！」という人は「いかに着まわししやすい収納にするか！」に力を入れればいいのです。つまり**「服の持ち方を変える」のではなく、「服の持ち方に合わせた収納を作る」**。**これこそがクローゼットの「マイフィット収納」を作る上でとても大切なことだと思います。**

私自身、整理収納アドバイザーになった頃は「服は減らした方が収納しやすい」

便利アイテム！⑩

吊るせる収納シャツポケット

シャツをたたんで入れれば美しい収納になり、ハンカチなどの小物を入れれば出し入れしやすいラクな収納にもなるシャツポケット。スリムな作りなのでハンガーパイプに掛けてもスペースを取らないのが嬉しいアイテム。

close up!

ミニマリストさん にとっての Bの収納のメリット

見た目が美しい収納にするには、常に一定の持ち物量を維持するのもポイント。アクセサリーやバッグも「ここに入るだけ」を意識できる収納を作れば、増加防止になります。

マキシマーさん にとっての Aの収納のメリット

小物を載せたトレーやベルトを掛けるタオルハンガーは、物が増えることに対応できるアイテム。またスリムなハンガーを選べば、洋服もたくさん掛けられます。

と思っていたのですが、「減らそう減らそう」と思う片づけは、私にとってまったく楽しくないことに気づきました。私は服が大好きで、「大好きな服であればたくさん持っていたい！」というのが私の本当の気持ちだったからです。そこから私は「服が多くても管理しやすいクローゼットを作り上げていく！」と心に決めました。

また、自分の性格とは真逆の、どちらかというと「面倒で見た目重視」のクローゼットを作り上げていた時期もありました。例えば、バッグホルダーやシャツホルダーはクローゼットで使うだけで、美しく、そしておしゃれな収納に見えます。ですがズボラな私はシャツホルダーにしっかりたたんだシャツを入れることが面倒で、自分に合わないと感じました。また、ホルダーに場所を取られ、その分服を掛けるスペースが狭くなっていることにも後で気づいたのです。

「美しい収納は面倒で、収納量をぐっと下げることもある」と気づいた私は収納アイテムを見直し、**服のたたみ方を工夫し、クローゼット内で生まれるデッドスペースをフル活用して「収納量を上げる工夫」をたくさん取り入れました。**

そして今では「大好きな服がたくさん入る、出し入れと管理がしやすいクローゼット」を作り上げることができました。みなさんも、ご自身の「服の持ち方」や「性格」に合った「マイフィットクローゼット」を研究してみてください。

クローゼット②はどっち？

とことんラク！

A

くるっと丸めて入れるだけ！細かく分類収納

めんどくさがりのズボラさんほど、細かく引出しを分けて衣服を分類しておくと、ただポイポイ入れるだけの収納でどこに何があるのかわかってラクちん！ キレイにたたまなくてもいいので、物の居場所を決めることが大切！

❷ トップス・ボトムス

ズボラさんには、引出しを開けたら何がどこにあるかひと目でわかる入れ方が便利！ トップスもボトムスも立てて入れるとわかりやすい！

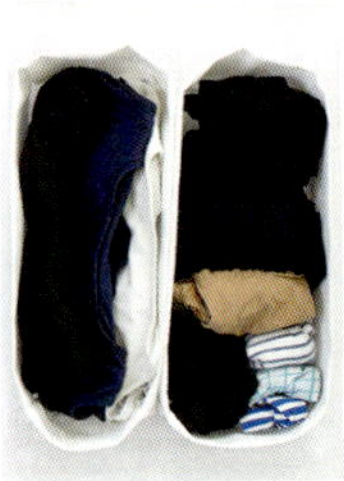

❶ 下着・靴下

靴下や下着といった細かい物を入れる引出しの中は不織布ケースで仕切るとゴチャつかない。

【引出し】ポリプロピレン収納ケース・引出式・小 約幅34×奥44.5×高18cm、【下着の仕切り】高さが変えられる不織布仕切ケース・小・2枚入り 約幅11×奥32.5×高21cm

とことんラクなたたみ方

トップス

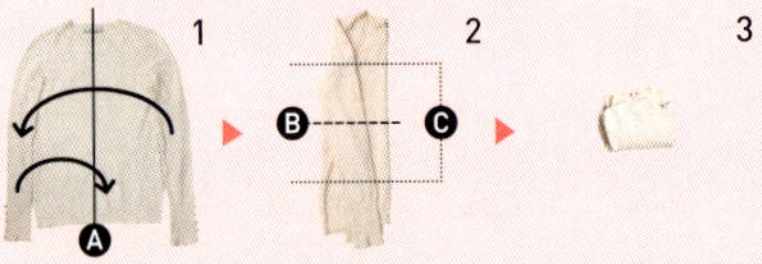

1. Ⓐの線で半分に折り、袖をそろえて折り返す。 2. Ⓑの線で半分に折り、Ⓒの線でさらに折る。 3. 完成！

ボトムス

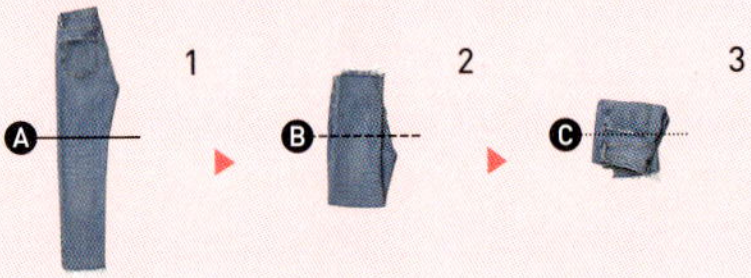

1. Ⓐの線でパンツを半分に折る。 2. Ⓑの線でもう一度折る。 3. Ⓒの線でさらにもう一度折って、収納する。

シーズンオフの衣類

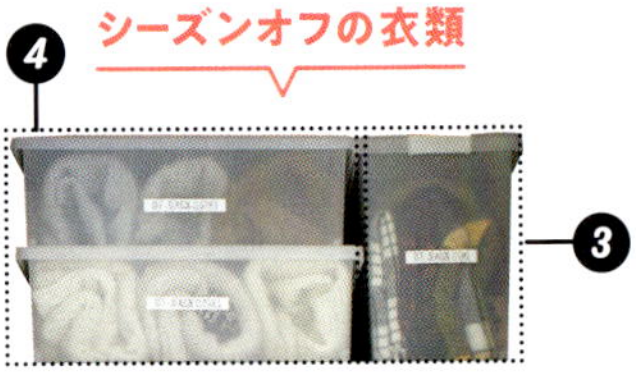

セーターやカーディガンはくるっと丸めて半透明ケースに。ストールや帽子、手袋は背の高いケースにひとまとめ。

【ボックス右】ポリプロピレンキャリーボックス・ロック付・小・深型 幅25.5×奥37×高33cm、【ボックス左】ポリプロピレンキャリーボックス・ロック付・大 約幅36×奥52×高16.5cm

CASE 11 あなたにフィットする

大きめのケースを中で分類！

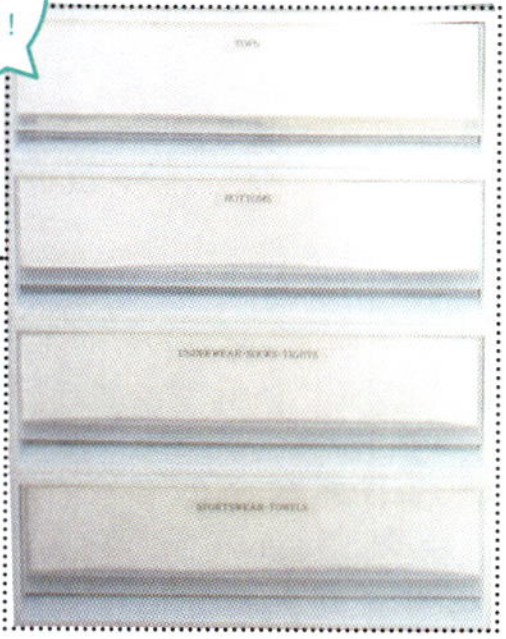

❶

【引出し】ポリプロピレン収納ケース・引出式・横ワイド・小 約幅55×奥44.5×高18cm

スッキリ美しい！ B

型崩れしない！キレイにたたんだ平置き収納

見た目のキレイさを重視したい人にとって重要なのは、統一感のある素材で、中身が見えないアイテム選びです。衣装ケースは前面に紙を挟むなどして、目隠しを。ケースの数も最小限に抑えてケース内で分類することで見た目がスッキリします。

❶ トップス・ボトムス

平置きで横に２着並べられるサイズがGOOD。平置きで重ねると下にある物を取り出す時に、一度上の物を取り出してからでないとせっかくキレイにたたんだ衣類がぐちゃっとなってしまうので、要注意。

スッキリ美しいたたみ方

トップス

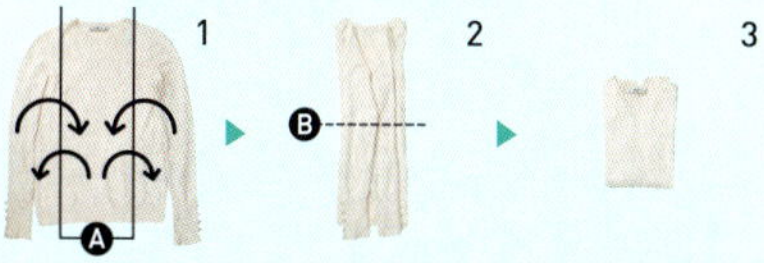

1. Ⓐの線で袖の幅に折り、もう一度袖を折り返す。
2. 丁寧にシワを伸ばし、Ⓑの線で折る。　3. 完成！

ボトムス

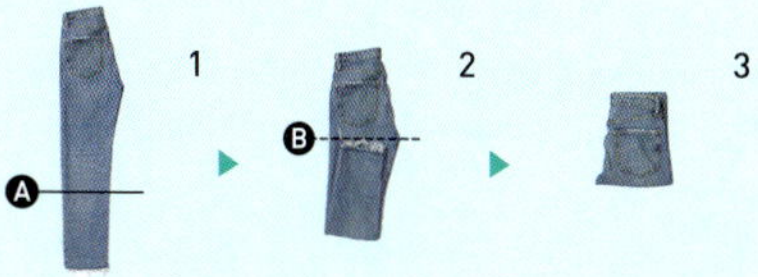

1. パンツの下3分の1をⒶの線で折る。　2. Ⓑの線で折る。　3. 完成！

シーズンオフの衣類

❸ ❷

❸

❷

衣類の風合いを保つようふんわりと収納

❷ 帽子やストールは型崩れしないよう、あまり大量に重ねないようにしまいます。
❸ たたんだセーターのサイズにぴったりなバスケット。ニットがからまないよう、中に高さが変えられる不織布ケースを入れて。

❷❸商品情報はP63に記載。

あなたにフィットする

クローゼット② はどっち？

衣服の収納アイテムは自分に合った「たたみ方」でセレクト

「マイフィット」なクローゼットを作り上げるには、まず自分の性格と向き合うことが必須です。そして「洋服は多く持ちたいのか」「少なく済ませたいのか」によってもクローゼットの作り方や選ぶ収納アイテムがまったく違ってくるので注意してください。

まず、性格がめんどくさがりなタイプの人には、「中身がひと目でわかる収納アイテム」がおすすめ。中身がひと目でわかるアイテムは、雑然として見えてしまうので「とにかくスッキリとした美しい収納にしたい！」という人には不向きです。また、なるべくアクション数が少ないアイテムを選ぶと維持がしやすくなります。フタあり・なし、どちらのケースを選ぶか、引出しに入れるのか棚に置くのかでアクション数は変わります。気をつけなければいけないのは、アクション数が少なく済む収納用品はホコリを被りやすいというデメリットがあることです。自分の性格とよく向き合いどちらを優先するか、考えてから選んでください。

そして、**スッキリとした美しい収納にしたいタイプの人には中身の見えないア**

便利アイテム！⑪

close up!

高さが変えられる不織布仕切ケース

サイズ違いのケースにも、どんなたたみ方にも対応できる優れ物。自分が維持できるたたみ方の高さに合わせてケースの高さを変えられるのでとても便利。引出しの中をこのケースで仕切ってポイポイ入れる収納にも大活躍。

マキシマーさん にとっての*B*の収納の注意点

ふんわりとした服の風合いを残すたたみ方でも、たくさん詰め込みすぎては意味がありません。服が多い人は引出しやボックスに入れる数を厳選し、吊るす収納を活用しましょう。

キレイ好きさん にとっての*A*の収納のデメリット

服を小さくたたむので、どうしてもシワや型崩れが起きやすい収納です。キレイに保ちたいおしゃれ着は専用のハンガーに掛けたり、たたみ方を変えたりする必要あり。

イテムがおすすめですが、その場合は「中身が何なのか」というラベリングが必須です。どんな収納に関しても言えることですが、自分が維持できなければそれは「マイフィット収納」とは言えず、たちまちごちゃついてしまうからです。

服を多く持ちたい人は、「デットスペース」を味方につけることや、増えた時に対応できるアイテム、例えばフックやあえて仕切りのないケースなどを使用するのもいいと思います。バッグホルダーやシャツホルダーは数量が限定される上に、場所も取るので多く持ちたい方には不向きなアイテムです。そしてコンパクトに収納するたたみ方や、多く掛けることのできるスリムなハンガー選びも大きなポイントとなります。

逆に、衣類の型崩れが気になる人はシワのつきにくいたたみ方をすると思います。ここでみなさんに「衣類ケース選びで失敗しないポイント」を一つ。それは**「自分が維持できるたたみ方にした時のサイズに合わせてケースを選ぶ」ということです。**立てるのか、平置きするのかで選ぶべきケースのサイズは変わってくるので気をつけてください。

収納用品の素材の組み合わせや、ラベリングの工夫などで美しくおしゃれなクローゼットは誰にでも作れます。自分に合った「マイフィットなクローゼット」なら、毎日の服選びがもっと楽しくなるはずです。

仕事机はどっち？

とことんラク！

A

探さない・動かない・考えない！仕事がはかどる机

こんな人にフィット！

マキシマー

キレイ好き

❶ 座ったらすべてに手が届く！

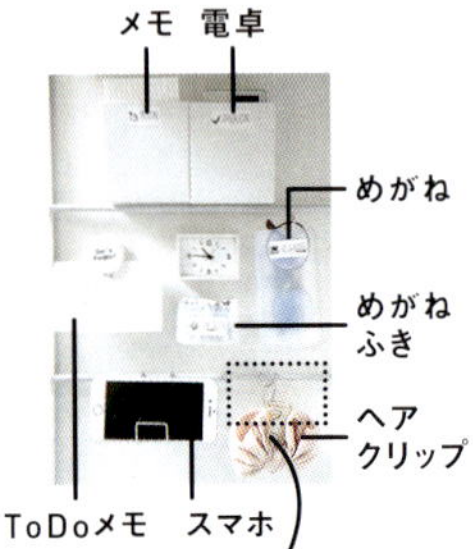

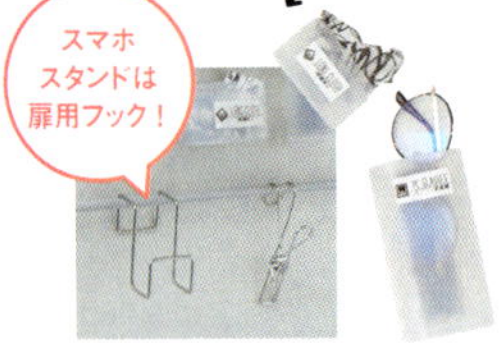

めがねケースはフタと本体を別々で使用。

【ポケット】ポリプロピレンファイルボックス用・ポケット 約幅9×奥4×高10cm、【めがね収納】ポリプロピレンめがね・小物ケース スタンド式・大 外寸：約縦4.4×横7×高16cm、【スマホ収納】ステンレス扉につけるフック 約幅3.5×奥6×高6cm、【クリップ】左ページ❷と同じ

❷ プリンター用品はプリンターの隣に

インクと印刷用紙をサイズ・色ごとに分類。

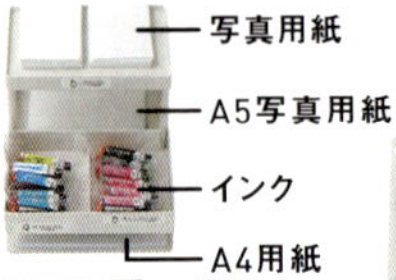

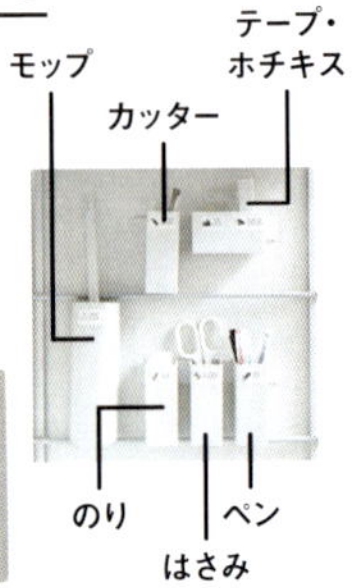

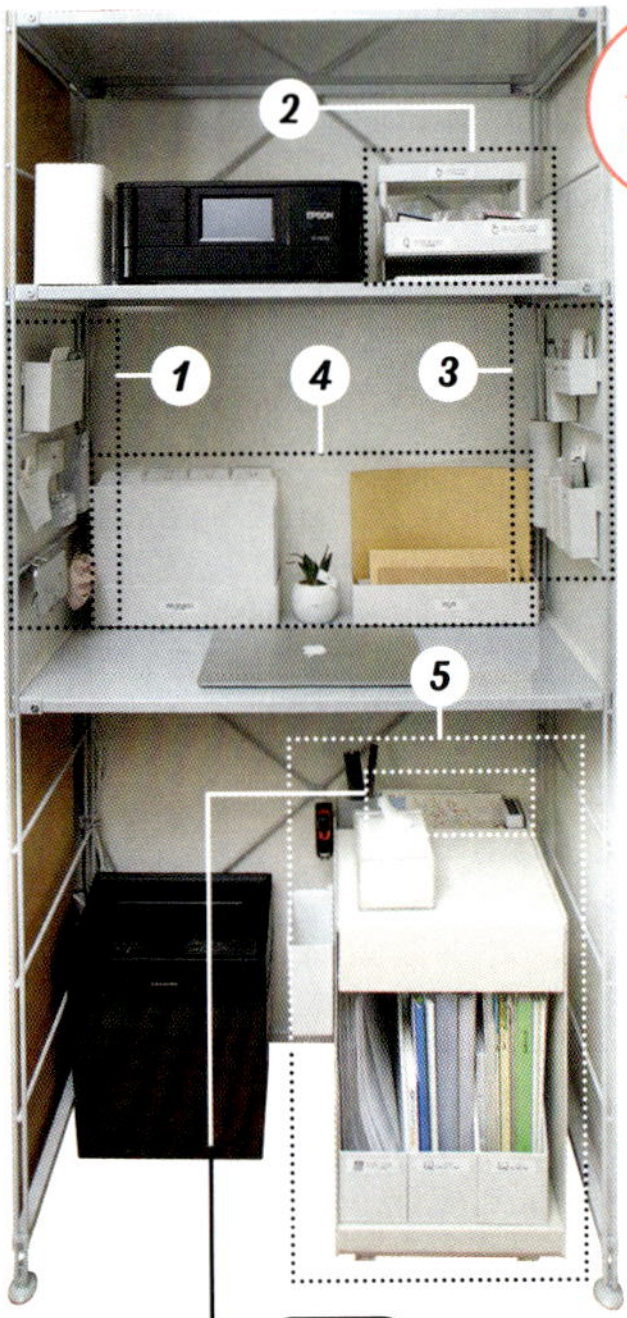

❸ マグネットシートで壁面収納

よく使う物はスチールパネルに貼りつけ収納！ レイアウトも自由にできますよ。

【ポケット】ポリプロピレンファイルボックス用・ペンポケット 約幅4×奥4×高10cm、ポリプロピレンファイルボックス用・仕切付ポケット 約幅9×奥4×高5cm 、【モップ】マイクロファイバーミニハンディモップ 約長33cm

❹ 仕切りケースでゴチャつきは解消できる

書類や封筒は仕切り付きケースに立てて置くと、取り出しやすい上に机の上を広く使える！

Check!

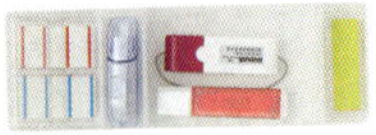

USB や付箋など細かい物は仕切り付きトレーで整理。

ポリプロピレンデスク内整理トレー3 約幅67×奥200×高40mm

❺ キャビネットは側面、引き出し、ムダなく使う！

引出しには細かい物を。 側面はマグネットシートでつけたゴミ箱、フックで充電コードを収納。

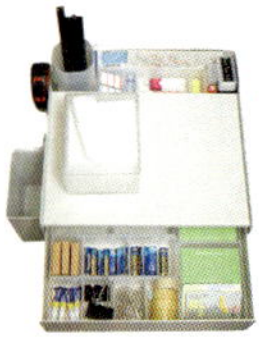

A4 のボックスがジャストサイズ！

【机】スチールユニットシェルフ・スチール棚セット・ワイド・大・ライトグレー 幅86×奥41×高175.5cm ❷[下段]ABS樹脂 A4書類トレー A4サイズ用 [中段]ABS樹脂 A4仕分けトレー A4サイズ [上段]ABS樹脂 脚付トレー・1/2 A5サイズ用・脚４本付属 ❹左ページ❺と同じ、【ファイル】発泡ポリプロピレン個別フォルダ A4用・4枚組・ホワイトグレー ❺コンパクトスチールキャビネット 幅33×奥33×高51cm 、【フック】アルミフック・マグネットタイプ・小 3個入 約幅3.5×高さ5cm 、【ゴミ箱】ポリプロピレンごみ箱・角型・ミニ（約0.9L） 約幅7×奥13.5×高14cm、【ボックス】ポリプロピレンスタンドファイルボックス・A４用・ホワイトグレー 約幅10×奥27.6×高31.8cm／その他著者私物

CASE 12 あなたにフィットする

スッキリ美しい！

B

机の上は必要最低限！シンプル思考で集中できる机

こんな人にフィット！

ミニマリスト　キレイ好き

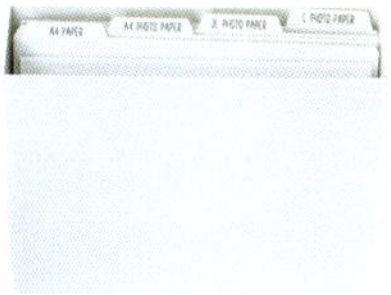

サイズや用途ごとに分類

❶ プリンター用紙と書類はファイルボックスに

ファイルボックスの背を合わせれば見た目スッキリ。

❷ よく使う物はトレーにまとめて

ノーアクションで取れるし散らからない！

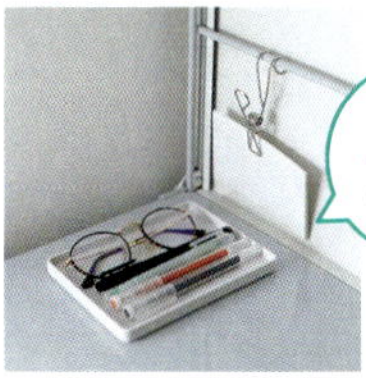

まとめてどかせるのもラク

机の上が広く使える！

Check!

グリーンを飾ってシンプルな中にも癒しを！

Check!

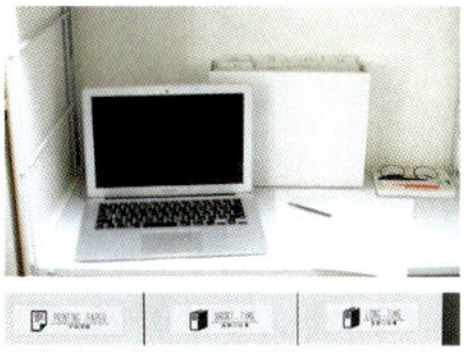

その時使う書類だけファイルごと出して机に置けば使いやすい！

❸ 机の上には必要最低限の物だけ！

使用頻度が低い物は机に置かずに、広く使えるように。

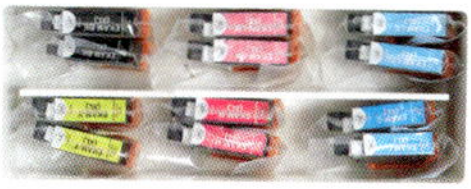

❺ インクは仕切りを使って色分け。

❹ デスクがスッキリの秘訣は引出し収納！

座った時に取り出しやすいのは上段なので、上から順に使用頻度が高い物を入れて。

Check!

細かい小物は仕切り付きの整理トレーに入れ、収納物に合わせたスペースを作り、ごちゃつき防止。

Check!

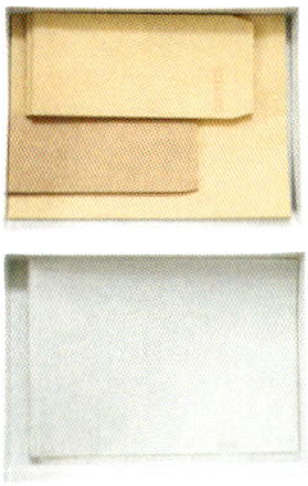

封筒やクリアファイルも引き出しに収納！

❶【ファイル】発泡ポリプロピレン個別フォルダ　A4用・4枚組・ホワイトグレー、【ボックス】ポリプロピレンファイルボックス・スタンダードタイプ・A4用・ホワイトグレー　約幅10×奥32×高24cm　❷【トレー】ABS樹脂 フタにもなるトレー・1/4　A6サイズ　約幅12×奥16×高1.4cm、【クリップ】ステンレスひっかけるワイヤークリップ 4個入・約幅2×奥5.5×高9.5cm　❺ABS樹脂 A4ハーフ仕切りボックス A4ハーフ約幅12×奥32×高7cm、【引出しの中の仕切りケース】ポリプロピレンデスク内整理トレー1　約幅10×奥10×高4cm、ポリプロピレンデスク内整理トレー2　約幅10×奥20×高4cm、ポリプロピレンデスク内整理トレー3　約幅6.7×奥20×高4cm／その他著者私物

仕事の効率がアップする ラク家事収納の「3N」とは？

職種によって、仕事机に集まる物はさまざまかと思います。ですが「仕事をする場所」ならどんな職種にも共通して言える「収納作りのポイント」があります。

それは、**作業効率を上げる仕事机にするために「動かない・探さない・時間ををかけないを作り出す収納にする」ということです。**以前から私が多くの方々に伝えている「ラク家事収納」を作るための「３Ｎ」（〜ないのＮ）なのですが、これは仕事机にも言えることです。

まず、仕事机の椅子に座った時、自分が無理せず手の届く場所がどの位の範囲なのかを確かめることから収納作りを始めると「３Ｎ」を作り出すマイフィット収納が考えやすくなります。椅子から立ち上がったり、しゃがんだり、後ろを振り返ったりせずに手の届く範囲を確認して見てください。

当然、無理せず手の届く範囲に仕事でよく使う物を配置しておけば、作業効率は上がります。単純なことですが、**自分が座っている所を基準として使用頻度の高い物ほど手前に、そして座っている場所の利き手側に引出しやキャビネットを**

便利アイテム！⑫

close up!

コンパクト スチールキャビネット

コンパクトでキャスター付きなので、机にはもちろん、ベッドサイドやリビングでも活躍。マグネットフックや、マグネットシートを貼った収納アイテムを使えば収納量をぐんぐん上げられる嬉しいスチール素材です。

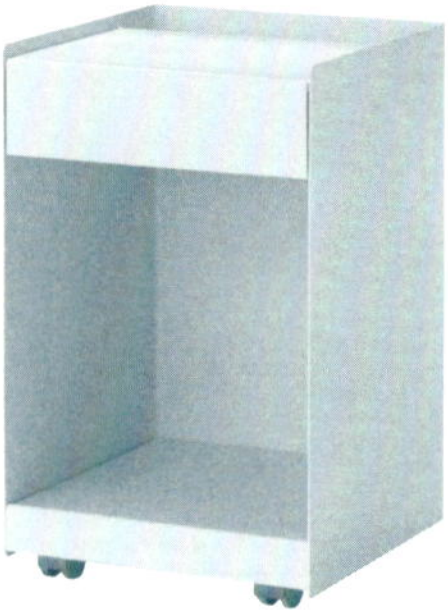

キレイ好きさん にとってのBの収納のメリット

どこから見ても整然としている完璧に美しい収納。PC の出しっぱなしや、そのことによるホコリ被りなどが気になるようなら、引出しに収納して美しさと掃除のしやすさを実現。

マキシマーさん にとってのAの収納のメリット

収納用品をホワイトグレーで統一しているので、出しっぱなしでも見た目◎。スッキリして見えるけど、机上も机の壁面も使うので、書類や封筒は大量に収納できます。

置きます。手の届く範囲内で近いところから遠い方へ、そして上から下方向へ使用頻度の高い物順に収納すればとても使い勝手のいい収納が作れます。

利用するアイテムもアクション数が少なければ少ないほど時短につながります。筆箱にペンを入れるのか、トレーにただ載せるのかの違いだけでも、アクション数は変わり、ペンを手に取るまでの時間は変わります。ですが、見た目重視の方は、トレーにそのままペンを置くことを避けたいと思います。**「見た目」を選ぶのか「仕事効率」を選ぶのかでもマイフィット収納はそれぞれ変わりますが、いずれにしても自分自身のモチベーションが上がるようなマイフィット収納を目指したいですよね。**

机の上は作業をする場所なので「手が届く場所だから」といって机の上にあれもこれも置きすぎてしまうと、作業空間が圧迫されてしまったり、集中力が分散してしまうこともあるので気をつけてください。この部分はしっかりと自分自身と向き合い、「どのような環境であれば仕事が楽しく、そして効率よく進められるのか」を考えながら机の上に置く物を決めていくことをおすすめします。

私の場合、使用頻度の高い物はとにかくノーアクションで手に取れるように心掛けています。そして目に入る場所に子どもたちの写真を飾るということも、仕事のモチベーションアップにつながっています。

トイレ収納はどっち？

とことんラク！

A

半透明アイテムをうまく使ったひと目でわかる収納！

こんな人にフィット！

ミニマリスト　マキシマー　キレイ好き

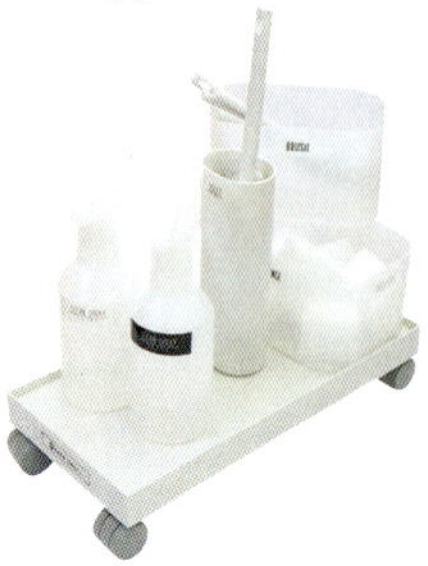

❶ 全部見える化でサッと使って戻しやすい！

お掃除アイテムも何がどこにあるか、ひと目で見える収納に。ブラシ類はバサッと入れるだけ、重ねているボックスの下には使用頻度の低い物を入れましょう。ケースは汚れたらすぐに洗えるポリプロピレン素材が便利！

❶(左)【ブラシ・スポンジを入れたボックス】ポリプロピレンメイクボックス・1/2 約幅15×奥22×高8.6㎝、【ブラシ】隙間掃除シリーズ・ブラシ 約幅1×長18㎝、【モップ】マイクロファイバーミニハンディモップ 約長33㎝、【キャスター付きのフタ】ポリプロピレンファイルボックススタンダード用キャスターもつけられるフタ 幅15㎝用・ホワイトグレー、ポリプロピレン収納ケース用キャスター4個セット／その他著者私物

Check!

トイレットペーパーは出しっぱなしにしてすぐに補充できるように。家族だけでなく、お客さんにもわかりやすい。

❷

❶

Check!

フレグランスのストックは窓際にある本体の近くに置いておけば、すぐに補充できる！ ストックは使う場所の近くに収納するのが基本。

❶ 動かせるから掃除がラク！

キャスターをつけたフタに掃除用具やトイレポットを載せれば、移動がラク！ 掃除の時に一つ一つどかす手間が省けます。

❶(右)【キャスター付きのフタ】ポリプロピレンファイルボックススタンダード用 キャスターもつけられるフタ 幅10㎝用・ホワイトグレー、ポリプロピレン収納ケース用キャスター 4個セット、【ブラシ】トイレブラシ・ケース付 約幅10×奥10×高38㎝、【トイレポット】トイレポット 約幅10×奥10×高20㎝

フタなしで出し入れラク！

❷

ストックは半透明ケースに入れれば、いつでも在庫がわかりやすい！ 生理用品は折り紙を入れて少しだけ目隠しを。

❷【ボックス】ポリプロピレンメイクボックス・1/2 約幅15×奥22×高8.6㎝

CASE 13 あなたにフィットする

\ こんな人にフィット！ /

スッキリ美しい！ B

中身を見せない！ ホテルのような空間に!!

❶ ホコリ被りを防ぐフタありアイテム！

見た目をスッキリ美しい印象にするには素材選びが重要。同じアイテムでも真ん中だけ縦置きにすれば棚の横幅にぴったり！ ストックは必要最低限の数にしてスッキリをKeep！中身が見えないので、ラベリングで迷わないように。

【ボックス】重なるブリ材長方形ボックス 約幅26×奥18.5×高12cm、ブリ材・長方形ボックス用フタ 約幅26×奥18.5×高2cm

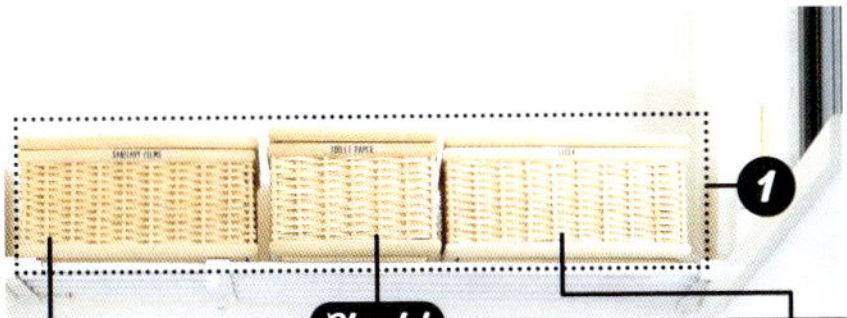

生理用品はケースで昼用と夜用を分けて。

【仕切りボックス】ポリプロピレンメイクボックス・1/2横ハーフ 約幅15×奥11×高8.6cm

フレグランスの「ラタンスティック」は「ポリプロピレン整理ボックス2 約幅8.5×奥25.5×高5cm」がぴったりサイズ！

Check!

Check!

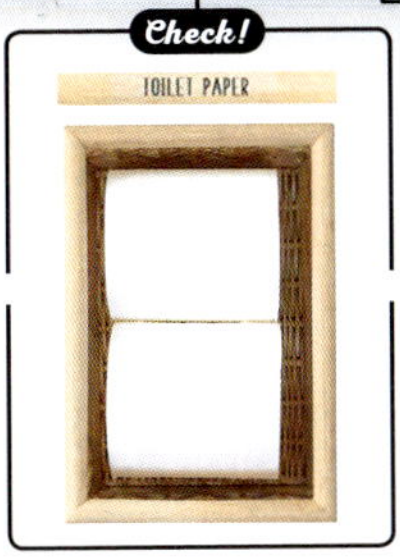

Check!

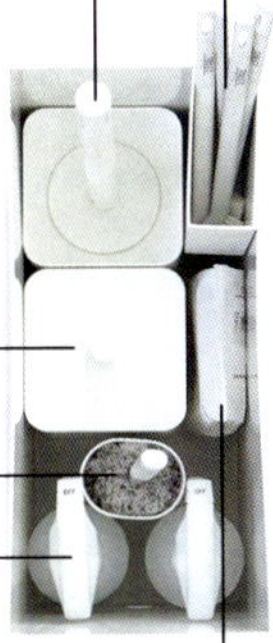

❷ お掃除小物を隠してスッキリ見せ

トイレをスッキリと美しい空間にしたいなら、掃除道具をできるだけ見せない収納がおすすめ。すべてが縦収納になっているので、出し入れや管理も簡単で、キャスター付きなので、掃除もラク！ 小さいブラシは箱の下に入りこまないようにポケットに入れて。

【ボックス】ポリプロピレンファイルボックス・スタンダードタイプ・ワイド・A4用ホワイトグレー 約幅15×奥32×高24cm、【キャスター付きのフタ】ポリプロピレンファイルボックススタンダード用 キャスターもつけられるフタ 幅15cm用・ホワイトグレー、【キャスター】ポリプロピレン収納ケース用キャスター4個セット／他右ページ❶と同じ

あなたにフィットする

トイレ収納はどっち?

ストックと掃除用具がすぐ手に届くことが使いやすさの秘訣!

みなさんは「トイレ」でどんな過ごし方をするでしょうか? この質問に疑問を持つ方もいるかもしれませんが、実はトイレの過ごし方も人それぞれなのです。本や雑誌、新聞を読む人もいれば、ゲームをする人もいるほどです。そうなってくると「トイレ」はもはや「トイレットペーパーだけがあればいい」という空間ではなくなってきます。まず**トイレの「マイフィット収納」を考える時は、家族みんなの「トイレでの過ごし方」を考えてみましょう。**家族共有の場所だからこそ、トイレ一つでもしっかりとみんなの過ごし方を考えてみるのは大切なことです。

過ごし方を考えたら、次に考えたいのは「どんなトイレが理想なのか」です。「美しくホテルのようなトイレ」を目指すのであれば、極力物は出さず、選ぶアイテムもスッキリとした色の物を選んだり、アクセントにグリーンを添えたりするのもいいでしょう。

ですが「美しさよりも掃除のしやすさ重視!」という方は、どこに何があるか

便利アイテム! ⑬

ポリプロピレンファイルボックス スタンダード用

キャスターもつけられるフタ

close up!

昨年発売されネットがざわついた話題の商品。細々した物を一括して移動できるのでとても便利。トイレで直置きしがちなトイレブラシやトイレポットを載せれば掃除の際に簡単に動かせるのでラク。

マキシマーさんにとってのBの収納の注意点

見た目がスッキリする中身を見せない収納ですが、だからといって中身をギュウギュウに詰め込むと取り出しにくくなってしまいます。箱の中には無理なく入る分だけを。

キレイ好きさんにとってのAの収納のメリット

キャスター付きの掃除用具スペースは床掃除も簡単ですが、道具を収納せず出しっぱなしなので、ちょっとした汚れが気になった時にもノーアクションで掃除用具が取り出せます。

ひと目でわかる、そしてサッと掃除アイテムが出せたり置いてある物がラクに動かせる「掃除しやすい収納」がベストです。

さらにトイレの収納作りに大きな影響を与え、大きな差が出てくるのが「トイレで使うストックはどこに置くか」という問題です。

例えば「12ロールのトイレットペーパーは必要最低限の4ロールのみをトイレに置き、残りの8ロールは押入れに」という方もいれば、「12ロール全てをトイレに」という方もいるでしょう。これはトイレットペーパーのみならず、生理用品や消臭剤、そして掃除アイテムに関しても言えることだと思います。

当然、「使う物は使う場所に収納できれば便利でラク」です。ただ、空間の狭いトイレでそれをしようとするとどうしても雑然として見えてしまったり、生活感が出過ぎてしまうのも事実です。自分や家族はどちらを優先させるのかで「マイフィット収納」はまったく違うものになります。

トイレはよく見てみるとデッドスペースが多く、棚を設置したり、重ねられるアイテムで収納量をぐっと増やすことができる場所です。収納アイテム選びに気をつければ、収納量を上げつつも美しい収納を作り上げることは可能です。色々な角度から考えて、「わが家のマイフィットなトイレ収納」を作り上げてみてください。

洗面台収納はどっち?

とことんラク!

A

よく使う物はノーアクション!
忙しい朝もラクちん収納

こんな人に
フィット!

マキシマー

❶ キャリーボックスを重ねて収納量UP!

限られたスペースの中で収納量を上げてくれるのが重ねられるアイテム。下段はあえて中身が見える透明のボックスを使用。

❷ 手間のかかる鏡面収納は使わない

鏡面収納のサイズや開き方が使いづらい場合は、無理に使う必要はありません。朝晩2回、毎日使う物は、出しっぱなしがとことんラク!

Check!

取っ手があるからヒョイッと持ち上げて取り出すのも簡単。下段は何が入っているかしっかりラベリングを!

❸ 歯ブラシスタンドの色がラベル代わり

歯ブラシスタンドの色を変えて、誰の物かひと目でわかる工夫を。歯磨き粉もノーアクションで取れる。トレーごと持ち上げれば掃除も簡単!

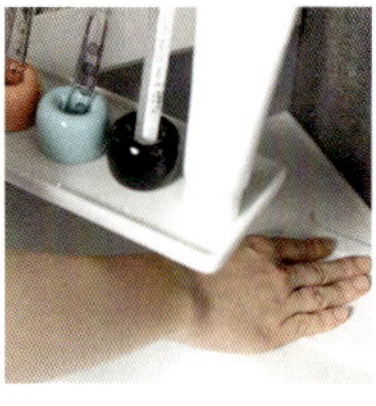

【上段】

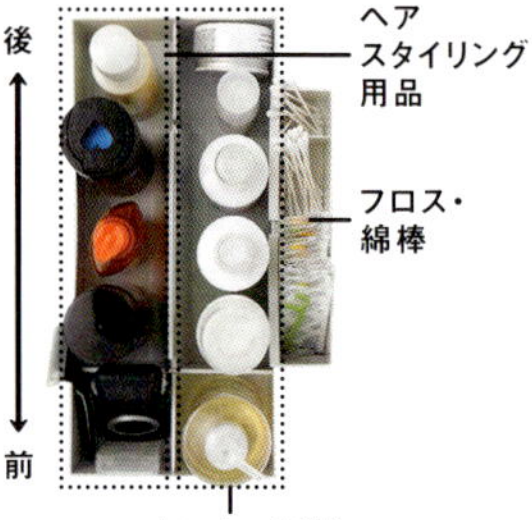

【下段】

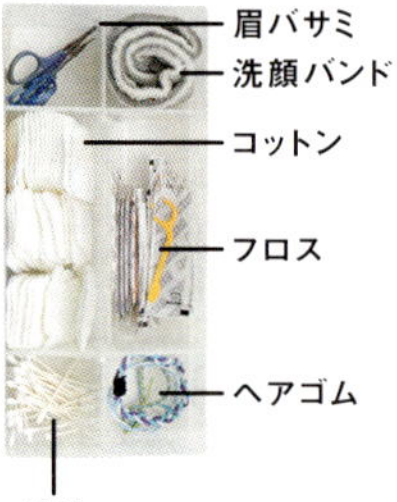

上段のヘアスタイリング用品はよく使う順番、スキンケア用品は使用する順番で手前から収納。いちいちどれが何か確認しなくてOK。下段には細々した物を。

❶【ボックス】ポリプロピレン収納キャリーボックス・ワイド・ホワイトグレー 約幅15×奥32×高8cm、【ポケット】ポリプロピレンファイルボックス用・仕切付ポケット 約幅9×奥4×高5cm ❸【スタンド】磁器歯ブラシスタンド・1本用 直径4×高さ3cm、※黒釉、サーモンピンクは現在販売されていません。【トレー】白磁トレー 約幅23.5×奥9.5×高1.5cm／その他著者私物

CASE 14 あなたにフィットする

スッキリ美しい！ B

鏡を閉じれば超スッキリ！ 物を置かない洗面台

こんな人にフィット！

キレイ好き

❶ 重ねられるアイテムで収納量UP!

スタッキング可能なアイテムを利用して、空間の高さをムダなく活用。下段にはなるべく使用頻度が低い物を収納して、中身をしっかりラベリングで表示しましょう。

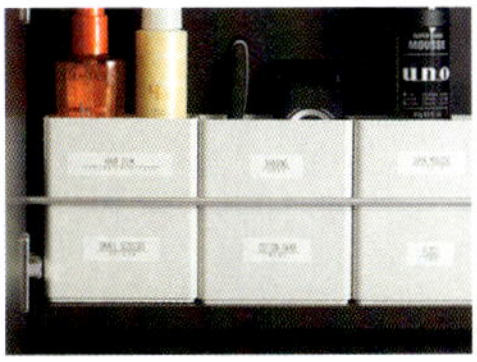

Check!

左開きの鏡面収納なので、スキンケア用品を右から使う順に配置。

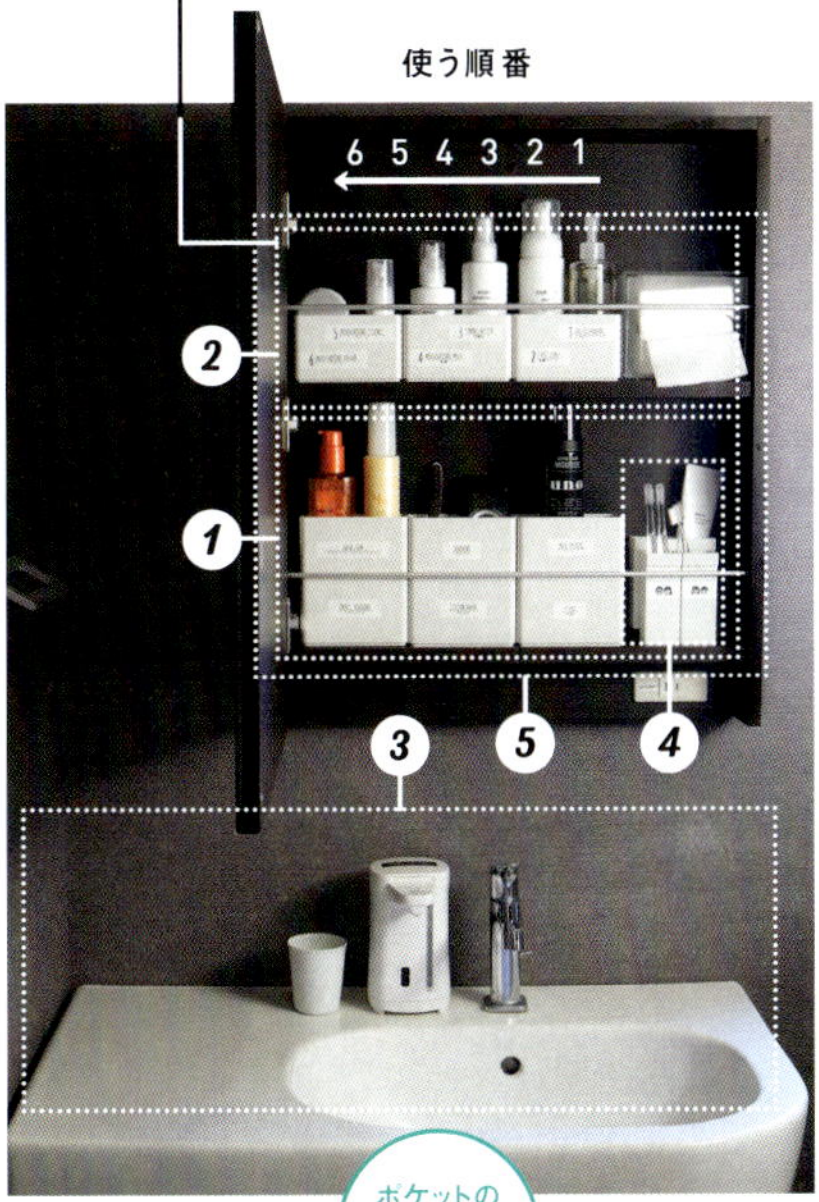

空のケースを下に入れカサ増し！

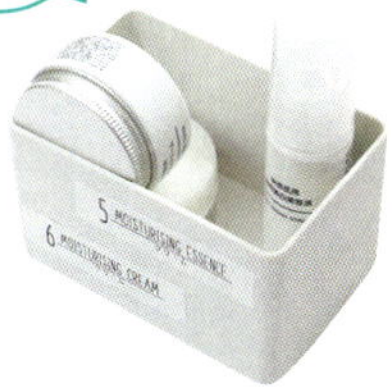

❷ 物の大きさに合わせた取りやすい工夫

クリームのように背が低い物は、中身の見えないケースの中で埋もれてしまいがち。ストックや空いた容器を下に入れると頭が飛び出して取りやすい。

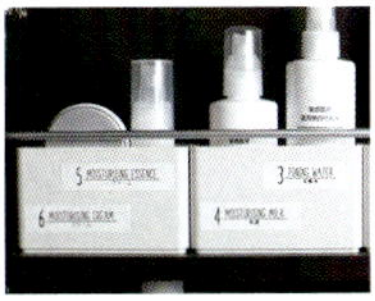

広くてスッキリ！

❸ シンクの上は手洗いうがい用品のみ！

鏡を閉じるとかなりスッキリするので、美しい見た目重視の収納にピッタリ！シンクにほとんど物を出していないので、拭き掃除もラクラク。いつも清潔な空間が保てます！

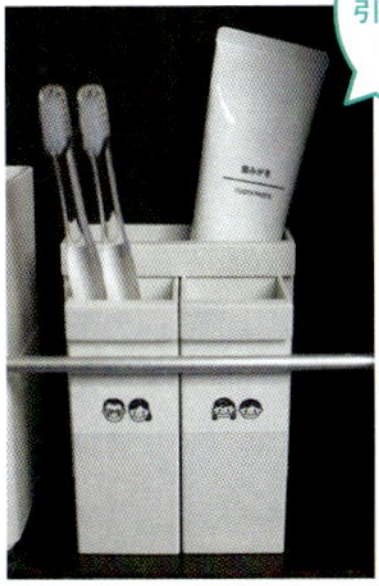

ポケットの引っかけ部分を利用！

❹ 歯ブラシは集合写真収納

ペンポケットを組み合わせて後ろの物が見えやすい収納に。子ども用と大人用で分類できて、奥の物も取りやすい！

❺ 鏡面収納をフル活用！

鏡面収納を活用する時に注意しておきたいのは、アイテム選び。奥行きがない場合が多いので、きちんと計測してから選びましょう。

❶❷【ボックス】ABS樹脂 ボックス・1／8 A7サイズ 約幅8×奥12×高7cm ❹[奥]ポリプロピレンファイルボックス用・ポケット 約幅9×奥4×高10cm [手前]ポリプロピレンファイルボックス用・ペンポケット 約幅4×奥4×高10cm 、【シンク上のコップ】白磁コップ 約直径6.8×高8cm 約180ml／その他著者私物

「作りつけ収納は必ず使わなきゃ！」この固定概念が片づかない原因？

新しい朝の始まりを心地良く迎えるためにも、洗面所は自分や家族が気持ち良く過ごせる空間にしたいですよね。細々した物が集まる洗面所は、油断をすると収納量よりも収納物の量が上回り、ごちゃついてしまう場所でもあります。

おそらく多くのご家庭では、既存の鏡面付近の収納と洗面台の上や下を収納場所として使っているのではないでしょうか。ですが収納家具は、「あれば必ず使わなければいけない」というものではありません。**その場所に既存の収納があったとしても、「面倒」「手間」と感じるようであればそれを使わず、「新規で収納を設置する」というのも一つの方法です。**

これは洗面所に限らず、家中のあらゆる収納に言えることです。「家がなかなか片づかない」というのは「収納よりも収納物が多い」ことも原因の一つですが、それと同じくらい大きな原因は**「収納場所が自分や家族の行動・性格と合っていない」ことです。**そして「既存の収納に合わせて物を配置し、収納方法を決めるべき」という固定概念が生み出す問題でもあります。つまり、使用頻度が高い物

便利アイテム！⑭

ポリプロピレン収納キャリーボックスワイド

取り外し可能な仕切り付きで細々した物をまとめられ、持ち運びもスタッキングもできる優秀アイテム！ 見た目の美しいホワイトグレー、中身がわかる半透明の２種類があり、マイフィット収納作りの強い味方！

マキシマーさんにとってのBの収納の注意点

限られた鏡面スペースは収納できる物の数が限られます。シンクのスッキリを重視するなら、鏡面で使う収納アイテムはスタッキングできる物を選ぶなどの工夫を。

マキシマーさんにとってのAの収納の注意点

「とにかくラクしたい」という人は出しっぱなし収納がおすすめ。重ねられるアイテムを多用すれば、収納量はUPするけれど、重ねすぎると面倒な収納になるので要注意。

を「毎回毎回扉を開けて出し入れするのが面倒！」という人は、わざわざ既存の鏡面収納を使わなくてもいいのです。

「ラク重視」の人はわざわざ開け閉めしなければならない鏡面収納をあえて使わず、洗面台の上をフル活用すると良いでしょう。その場合は、邪魔にならないサイズのアイテムを選びます。さらに**仕切り付きのケースや、仕切りを自由にカスタマイズできるアイテムなら、より多くの物を効率良く収納できます。**

逆に、見た目重視で「とにかくスッキリさせたい！」という人は鏡面収納を活用しましょう。この時、**使いやすい収納を作るために気をつけたいのが「物の配置」と「収納アイテム」です。**まず、鏡面収納の場合は、扉が開く方向を確認します。そして開きに合わせて使用頻度の高い物順に並べます。例えば左開きの扉なら、開けてすぐ手に取ることのできる一番右に一番使用頻度の高い物を収めます。また、どのような収納アイテムを選ぶかも大事なポイントです、鏡面収納は奥行きがない場合がほとんどなので、その奥行きでも使用できるアイテム選びが大切です。そして洗面台をスッキリさせたいのであれば、鏡面収納の収納量を上げられるスタッキング可能なアイテムを選ぶのもおすすめです。

バタバタしがちな朝、マイフィットな収納を味方につければ心と時間にゆとりのある気持ちいい時間を過ごせると思います。

台下収納はどっち？

とことんラク！

A

フタ&高さなしアイテムでとことんラクな分類収納

＼ こんな人にフィット！ ／

マキシマー　キレイ好き

❶ フェイスタオル

❷ コンタクト他

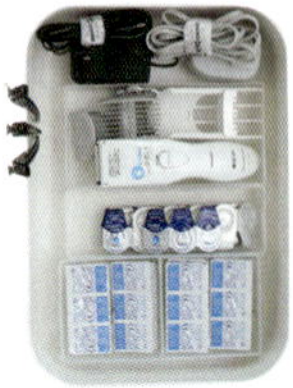

❸ ストック

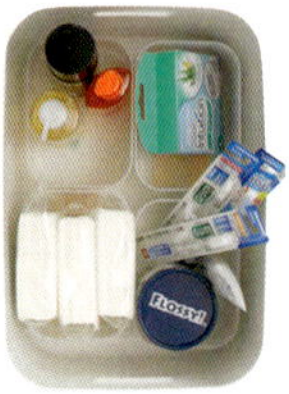

❹ ドライヤー類

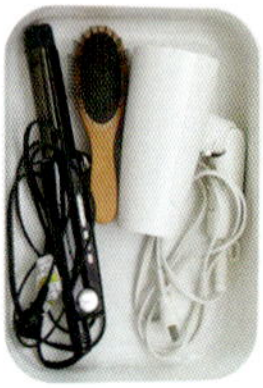

❶ホコリ被りを防ぐフタあり収納。❷コンタクトはトレーで人別に。❸メイクボックスで中を分類。❹毎日使うので、一番取りやすい場所に。

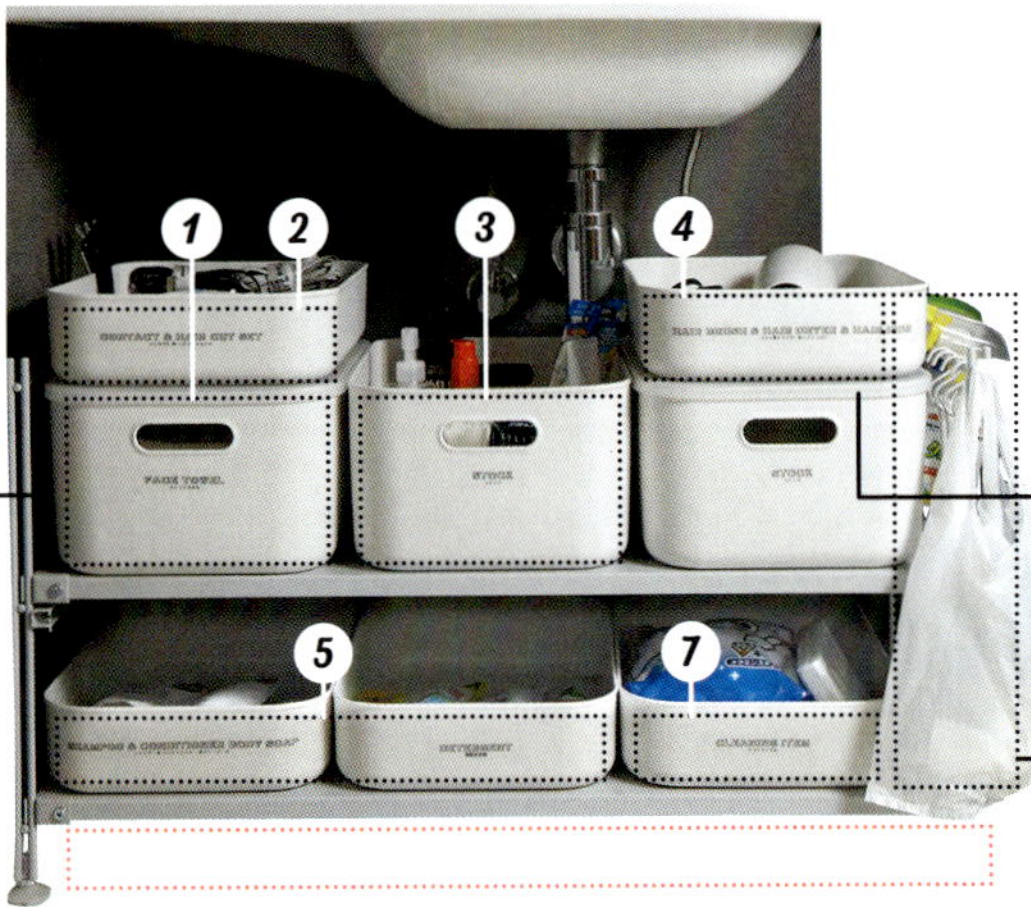

Check!

スチールユニットシェルフは1番上の板をはずしてマイフィットに。

Check!

フタはホコリ被りを防ぐ&重ねられるので収納量もUP!

下にモップが入るので掃除しやすい

❻

❺ 洗顔&ソープ類のストック

ポイッと入れるだけのざっくり分類。

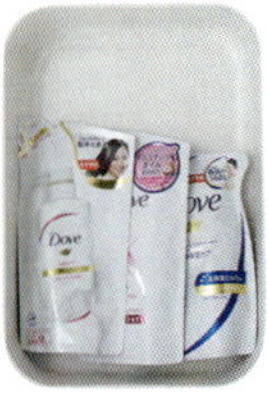

❻ スプレー&掃除ブラシは引っける

フックを利用しシェルフの側面も活用！ゴミ袋を引っかけてゴミ箱代わりに。

❼ 高さのないケースで取り出しやすい！

上から中身が見えて探す手間いらず。ホコリ被りが気になるなら高さのある物に。ゴミ袋は使う場所の近くに収納。

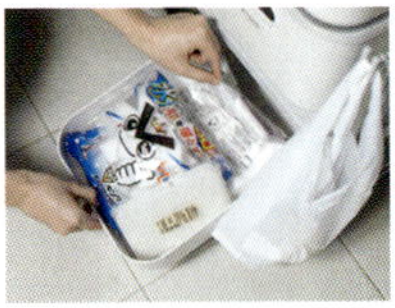

❶❸【ケース】やわらかポリエチレンケース・中 約幅25.5×奥36×高16cm、【フタ】やわらかポリエチレンケース用フタ 約幅26×奥36.5×高1.5cm ❷❹❺❼やわらかポリエチレンケース・小 約幅25.5×奥36×高8cm ❷【トレー】ポリプロピレンデスク内整理トレー2 約幅10×奥20×高4cm、ポリプロピレンデスク内整理トレー3 約幅6.7×奥20×高4cm ❸【ボックス】ポリプロピレンメイクボックス・1/2 約幅15×奥22×高8.6cm／その他著者私物

CASE 15 あなたにフィットする洗面

スッキリ美しい!

B 空間にぴったりフィット! 配管を避けたテトリス収納

\ こんな人にフィット! /

マキシマー　キレイ好き

❶ **ドライヤー&ブラシ**

一番よく使う物は取り出しやすい一番上に。

❺ **ソープ類ストック**

高さのあるボックスでストックをひとまとめ。

ひとまとめて移動もできる!

❻ **お掃除アイテム**

スプレーは詰め替え。小さいブラシは取り出しやすいようポケットに収納。

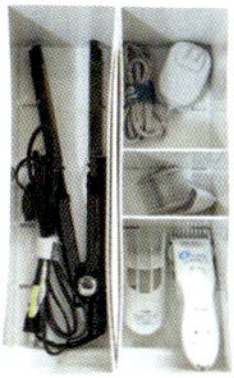

❷ **ヘアケアアイテム**

仕切り付きの引出しならごちゃつかない!

Check!

配管を避けて空間を最大利用

❸ **フェイスタオル**

タオルは形がヨレないように平置きに。

❾ **キャスター付きだから掃除がしやすい!**

掃除の時は簡単に動かせるので、床にホコリがたまりません!

メイクボックスで分類

❹ **消耗品ストック**

洗面所とお風呂場、使う場所で分けてもOK!

❼ **ティッシュ&ゴミ袋**

ゴミ袋はゴミ箱の隣に置くとラク!

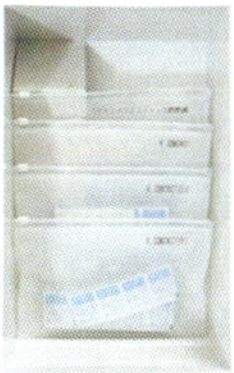

❽ **コンタクト**

EVAケースで人別・左右別に収納。仕切りで取りやすく斜めに。

Check!

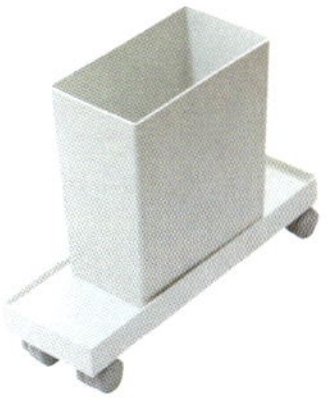

ゴミ箱もキャスター付きで動かせる!

❶❹❽【引出し】ポリプロピレンケース・引出式・深型・ホワイトグレー 約幅26×奥37×高17.5cm ❷【引出し】ポリプロピレンケース・引出式・深型・2個(仕切付)・ホワイトグレー 約幅26×奥37×高17.5cm ❸【引出し】ポリプロピレンケース・引出式・浅型・ホワイトグレー 約幅26×奥37×高12cm ❹【ボックス】右ページ❸と同じ ❺❻【ボックス】ポリプロピレンファイルボックス・スタンダードタイプ・A4用・ホワイトグレー 約幅10×奥32×高24cm ❼【引出し】ポリプロピレンケース・引出式・浅型・2個(仕切付)・ホワイトグレー 約幅26×奥37×高12cm、【ゴミ箱】ポリプロピレンごみ箱・角型・袋止め付/小(約3L) 約幅10×奥19.5×高20cm、【トレー】ポリプロピレンファイルボックススタンダード用キャスターもつけられるフタ 幅10cm用・ホワイトグレー、【キャスター】ポリプロピレン収納ケース用キャスター4個セット/その他著者私物

使いやすい洗面台下収納のコツは「グルーピングを崩さない」こと！

洗面所の貴重な収納場所となる洗面台下。**洗面所に集まる物は目的に合わせてグルーピングできる物が多いので、先にグルーピングを考え、収納アイテムや方法、配置を考えると効率のいい洗面台下収納を作ることができると思います。**

例えば、「髪を乾かす」という目的を考えると、ドライヤーとくしをグルーピングすることができます。必ず一緒に使う物はグルーピングしていた方が便利ですよね。グルーピングができたら、それを崩さないように収納できるアイテムを選びます。この時、毎日使うから出しっぱなしにするのか、毎日使うけれど見た目のいいアイテムに入れてスッキリさせるのか、ホコリ被りを防ぎたいからフタありボックスまたは引出しに入れるのかなど、あらゆる角度から考えます。これは自分や家族が「どうしたいか」を考えながら決める必要があります。家族共有の物は、家族みんなが使いやすいと維持しやすいからです。配置場所に関しては、使用頻度の高い物ほど出し入れしやすい場所へ配置すると効率のいい収納が作れます。

便利アイテム！⑮

やわらかポリエチレンケース

close up!

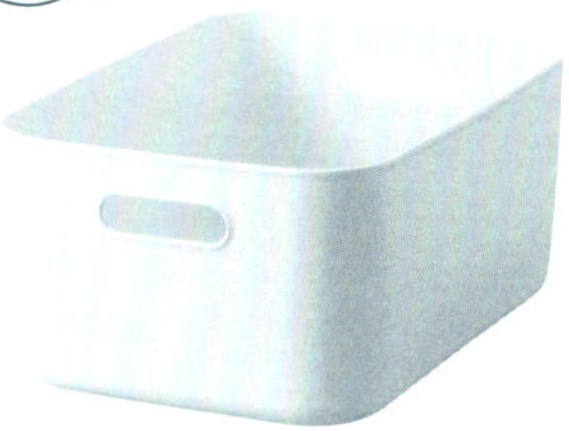

見た目も良く、水に強いため使い勝手抜群！サイズも豊富で、専用のフタを一緒に使えばスタッキングでき、収納量がアップします。ただ、わざわざどかして下の物を取るというアクションが必要になるので要注意。

キレイ好きさんにとってのBの収納のメリット

掃除用具が一式ボックスにまとまっているので、持ち運んで家中のお掃除にも便利。ゴミ箱の台にボックスごと載せれば、重い洗剤もキャスターで移動させることができちゃいます。

マキシマーさんにとってのAの収納のメリット

収納スペースの高さにもよりますが、ケースにフタをして重ねることで、柔軟に収納量をUP！ シェルフの側面も引っかけ収納に使うことで、最大限に空間を活用できます。

既存の洗面台下収納が扉式でオープン収納である場合は、中でコの字棚やつっぱり棚を利用し、空間を区切ると収納が作りやすくなると思います。

また、既存の洗面台下収納がなく、一から作らなければいけない場合は、配管を避けつつ使える空間をしっかり計測する必要があります。そして掃除のしやすさを優先したいのであれば、サッと移動できるキャスター付きの物を採用するとラク家事につながります。キャスターではなく脚付きを選ぶ場合は、モップがラクにかけられる隙間のある物を選ぶと、わざわざどかす手間がなくなります。

引出し収納を採用する場合は、収納物に合わせて引出しの高さを選んだり、仕切りがある方がいいのか、またはない方がいいのかを考える必要があります。

棚収納の場合は、棚板から棚板までの高さを正確に把握し、見た目重視の収納なら高さぴったりのケースやボックスを、そしてラク重視の収納なら引く手間なく中身が見えてサッと出し入れできる浅めのケースやボックスを選びましょう。

また、**洗剤系の物を入れる収納を作る時は、子どもの年齢を考慮しながら収納を決めた方がいいでしょう。**まだ小さい子どもがいる場合は、手の届かない場所に配置したり、あえて出しづらい収納にするのも危険を回避する方法です。

選ぶ収納アイテムで洗面所の印象や使い勝手はだいぶ変わるので、ぜひご家族が心地良く過ごすことのできるマイフィット収納を目指してみてください。

タリー収納はどっち？

とことんラク！

A

出し入れがラク！ 時短家事につながる収納

＼ こんな人にフィット！ ／

マキシマー　キレイ好き

❶ デッドスペースもムダなく有効活用する！

ハンガーの下の高さがないスペースもトレーを使って有効活用。「靴洗いセット」など用途ごとに分けるとそのまま持ち運べる。

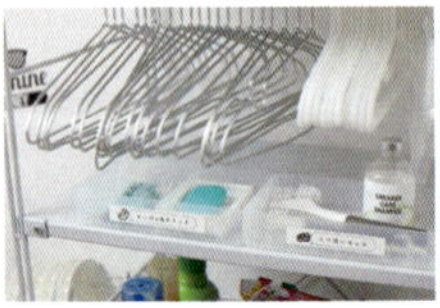

❷ 詰め替えゼロでもケースをそろえれば見た目スッキリ！

洗濯アイテムをボックスで分類。奥行きのあるケースで、奥の物も引き出しやすい！

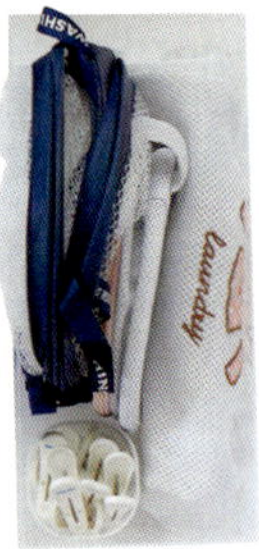

ラベリングはしっかり！

❸ ハンガーはハンガーパイプに掛けるだけ！

大きくて収納に困る形のハンガー。パイプに掛ければ出し入れがラク！

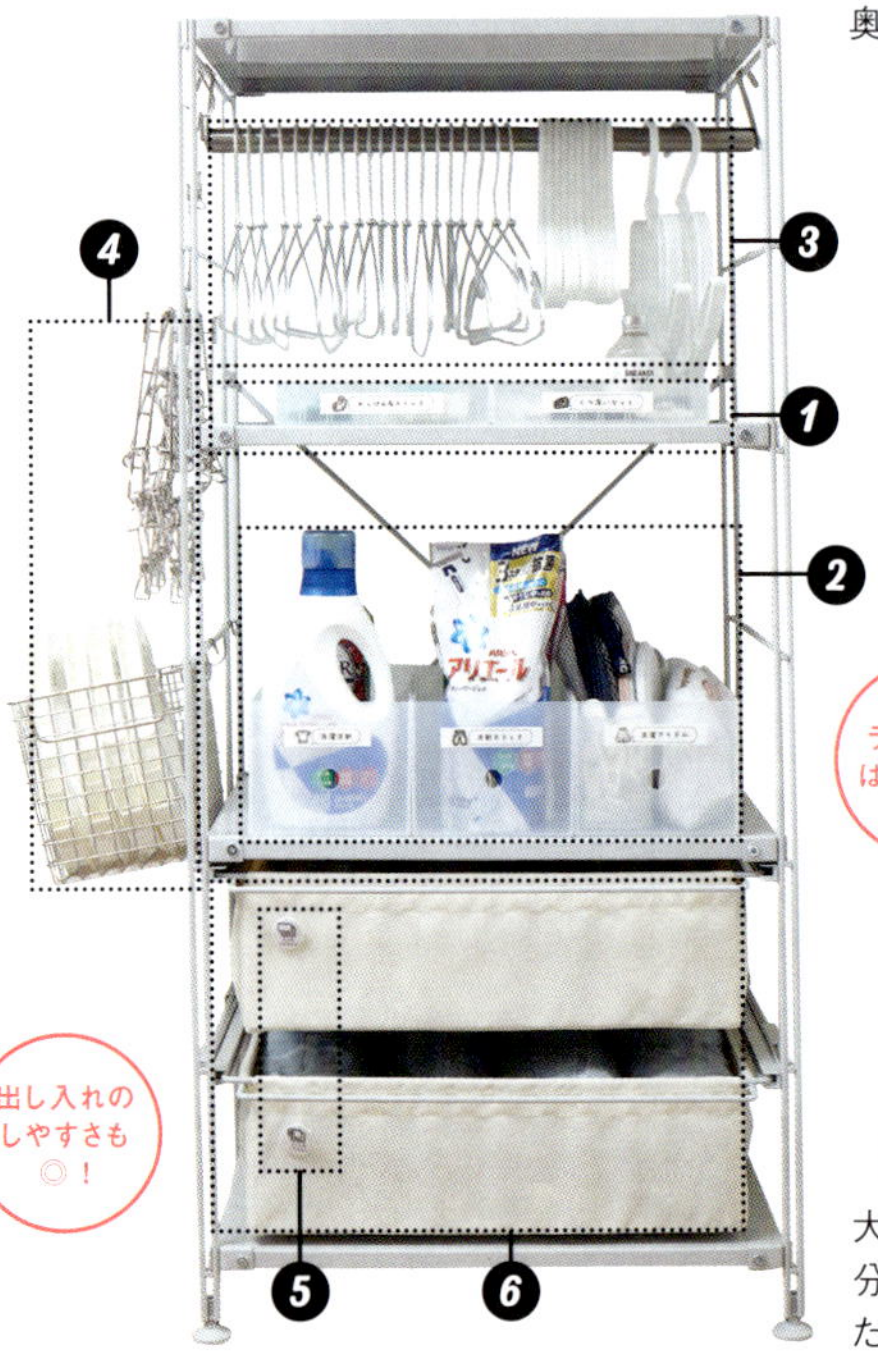

❹ フックを使って側面にも収納！

スチールユニットシェルフは引っかけ収納でぐんぐん収納量が上がる！

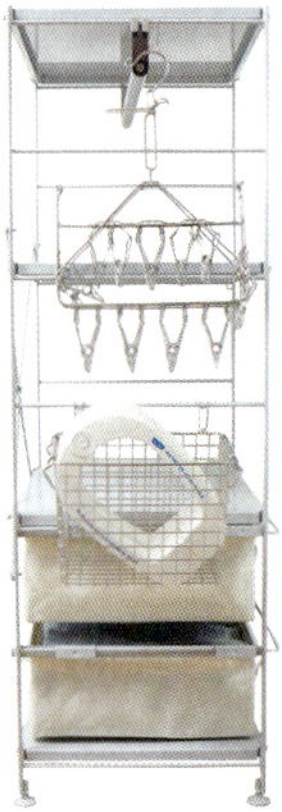

出し入れのしやすさも◎！

❻ バスタオルは大人と子どもで分けて入れるだけ

大人用と子ども用を引出しで分類。丸太型のたくさん入るたたみ方に。

❺ 布製の収納にはラベリングの工夫を！

シールが貼れない布素材には缶バッチラベルがおすすめ！

【棚】スチールユニットシェルフ・スチール棚セット・中・ライトグレー　幅58×奥41×高120cm　❶【トレー】ポリプロピレンデスク内整理トレー4　約幅13.4×奥20×高4cm　❷【ケース】ポリプロピレンファイルボックス・スタンダードタイプ・ワイド・1/2　約幅15×奥32×高12cm 、【洗濯ばさみ入れ】ポリプロピレンブラシ・ペンシルスタンド　約幅7.1×奥7.1×高10.3cm　❻【引出し】スチールユニットシェルフ・追加用帆布バスケット・ライトグレー 幅56cmタイプ用／その他著者私物

CASE 16 あなたにフィットするサニ

スッキリ美しい！

B ホワイトグレー＋自然素材のテッパンおしゃれ収納

＼ こんな人にフィット！ ／

ミニマリスト

キレイ好き

❶ 奥行を利用してストックを保管

奥には洗剤ストックを収納。手前のボックスの持ち手の穴から奥のラベルが見えるように貼る場所もひと工夫。

❷ 洗剤は詰め替えて見た目をおしゃれに！

何度も使える詰め替え用ボトルは、一つ持っておくと詰め替え用洗剤しか買わなくていいのでエコ！

❸ ハンガーは種類別にファイルボックスに

ごちゃごちゃしがちなハンガーの収納もボックスの背をそろえて入れれば、見た目がスッキリ！

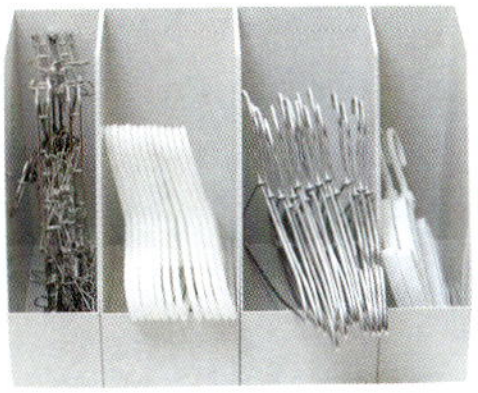

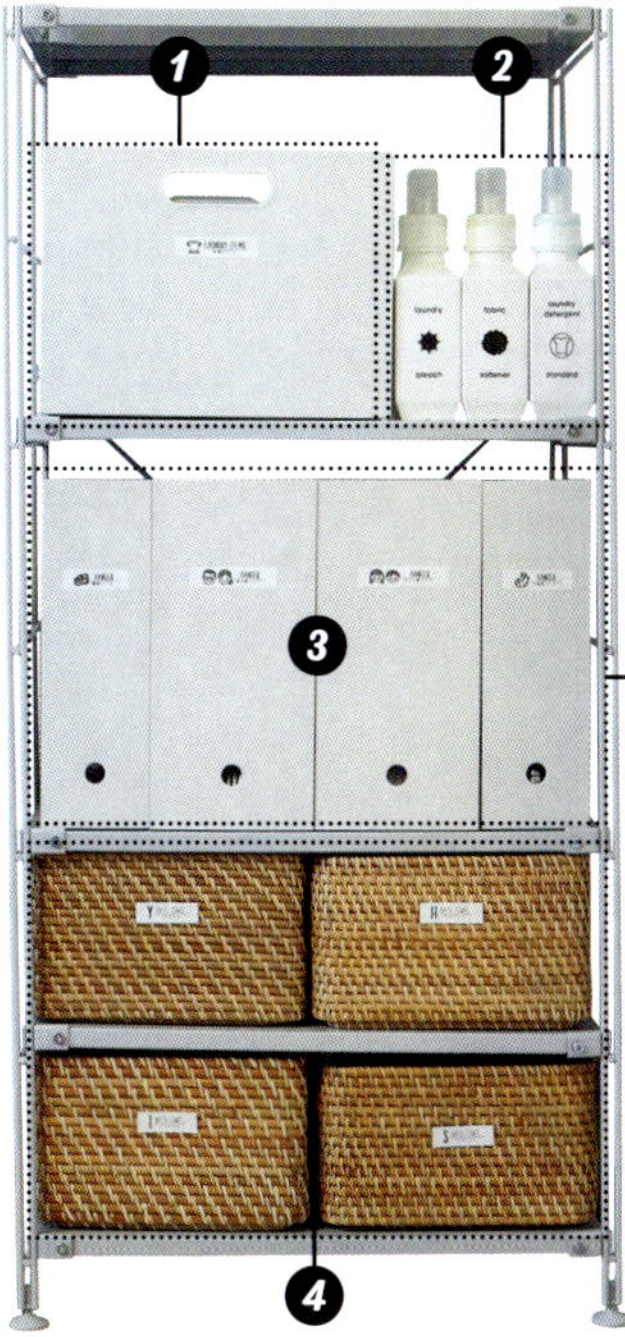

❶ ランドリーアイテムはまとめて収納

まとめて移動できるから、洗濯物を干す時に洗濯ばさみがすぐ取り出せて、ネットもすぐ戻せる。

❹ バスタオルは人別 大人は上段、子どもは下段に

家族それぞれで使うタオルが違う場合はカゴで分類。高さもピッタリなので、ホコリ被りの心配なし！

Check!

ハンガーの入れ方にもマイフィットがある？

ハンガーをヨコに入れる

ハンガーが隠れるので見た目は美しいが、上から取り出しにくい。

ハンガーをタテに入れる

ハンガーが上から飛び出てしまうけど、取り出しやすい。

※繊維の引っかかりを防ぐため、中には「不織布仕切りケース」を使用しましょう。

❶【ボックス】［手前］ポリプロピレンファイルボックススタンダード・幅25cmタイプ　約幅25×奥32×高24cmホワイト［奥］ポリプロピレンファイルボックス・スタンダードタイプ・A4用・ホワイトグレー　約幅10×奥32×高24cm、【洗濯ばさみ入れ】右ページ❷と同じ　❸【ボックス】［幅薄］ポリプロピレンスタンドファイルボックス・A4用・ホワイトグレー　約幅10×奥27.6×高31.8cm、［幅太］ポリプロピレンスタンドファイルボックス・ワイド・A4用・ホワイトグレー　約幅15×奥27.6×高31.8cm　❹【カゴ】重なるラタン長方形バスケット・中　約幅36×奥26×高16cm／その他著者私物

収納のひと工夫で大きく変わる！「時短家事」を叶える収納の考え方

みなさんは「お風呂に入る時に必要になる物」や「洗濯に関わる物」はどこに収納していますか？　ご家庭それぞれで場所は違うと思いますが、**どんな物でもまず「使う場所の近くに収納する」というのが、時短家事の秘訣です。**

大抵のご家庭では洗面所に洗面台があり、洗濯機も洗面所内に置いてありますよね。そしてお風呂の時には洗面所を脱衣所としても使うのではないでしょうか。となると、そこに置く収納家具を間違って選んでしまうと、かなり圧迫感のある洗面所になってしまいます。ある程度の脱衣空間を確保するには、壁面に棚を設置したり、奥行きのない収納家具を選び、高さを利用し収納量を上げると脱衣空間がそこまで圧迫されることなく色々な物を収納できます。

洗面所で使う収納家具を選ぶ時は、収納家具や収納用品の「素材」に気をつけてください。**水回りということや熱がたまりやすい場所であることを考慮して素材を選ぶことが失敗しない収納作りのポイントとなります。**

そして収納の作り方は「家事が時短できるか」にも関わるので収納アイテムの

便利アイテム！⑯

ポリプロピレンスタンドファイルボックス

書類や本だけではなく、お皿やハンガーなどさまざまな物の収納に使えるアイテム。サイズは幅違いで２種類。中身が見えないホワイトグレーなら、どんな場所でも並べるだけで整然とした美しい収納が叶います！

ミニマリストさんにとってのBの収納の注意点

タオルやハンガーはファイルボックスなどで空間を仕切って収納しているので、物が少ないと、収納アイテムばかりに空間を取られてしまい、スペースのムダ使いが多い収納に。

マキシマーさんにとってのAの収納の注意点

物が増えても、その分フックで側面収納を増やせますが、あまり側面収納を増やしすぎると空間を圧迫する収納に。収納用品を掛ける場合はなるべく奥行きのないアイテムを選んで。

選び方や物の収め方を慎重に選びましょう。**「時短につながる収納」とは、アクション数が少なくひと目でわかる収納です。**ですが「見た目重視の収納にして、モチベーションを上げながら家事をしたい！」という方には不向きです。「見た目」を選ぶか、「時短」を選ぶかというのは収納用品選びに大きく関わることです。例えば洗濯に使うハンガーをサッと出し入れしたいという場合は、ハンガーパイプに掛けておけばとてもラクです。ですが、見た目の雑然さは避けることができません。一方、ファイルボックスに収納する場合は、見た目は美しくても、ハンガーを取り出す際にひと手間かかってしまいます。収納の仕方によっては、毎回ハンガーが絡んでめんどくさいということもあります。

こんな風に、**「どんな収納にしたいのか」でアイテム選びは変わってくるので、最初に「収納の目的をしっかり明確にすること」はどんな場所でも重要です。**

無印良品のスチールユニットシェルフは、私の中でとてもおすすめな商品です。幅も選べますし、棚板の位置も枚数も収納物に合わせて変えることができます。それに加え、スチールユニットシェルフはその本体にフックを掛けるなどすれば、収納量をかなり上げることができます。**自由にカスタマイズできて、素材的にもどんな空間とも相性が良く、狭い場所でも空間を圧迫せずに収納量を上げられる優秀アイテムです。**

子ども机はどっち？

とことんラク！

A

探さなくても見えるから ノーアクションで取り出せる！

Check!

少ない冊数でも倒れないので、仕切りごとに分類できて便利！

❶ 仕切りスタンドを置く向きを変えて使いやすく！

仕切りスタンドは、あえて向きを変えて置くことで、ノートや教科書が少し飛び出て、取り出しやすく。奥行きもなくなるので、机が広く使えます。

【仕切り】アクリル仕切りスタンド 3仕切り・約幅26.8×奥21×高16cm

Check!

ストックはひとまとめにして、なくなったら追加！ 在庫管理もひと目でわかる。

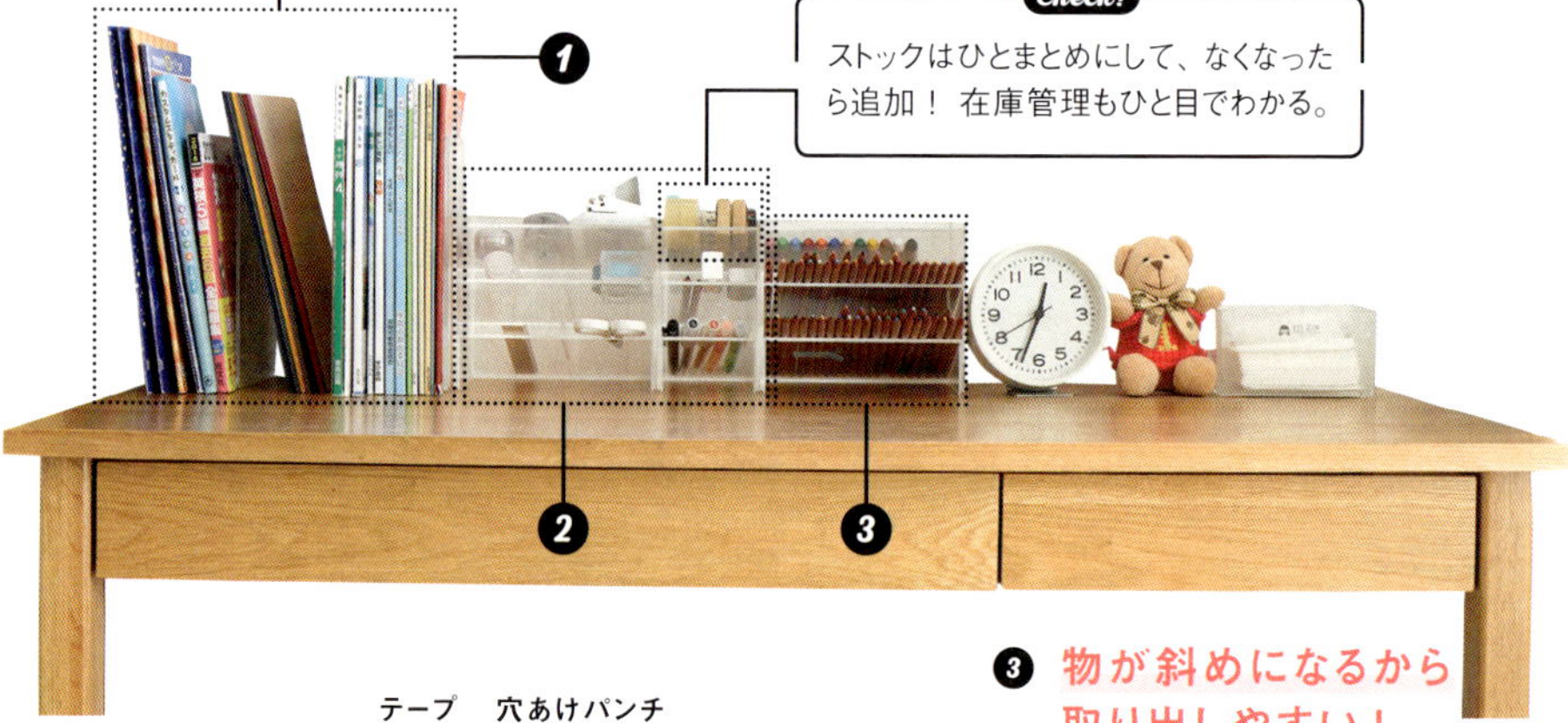

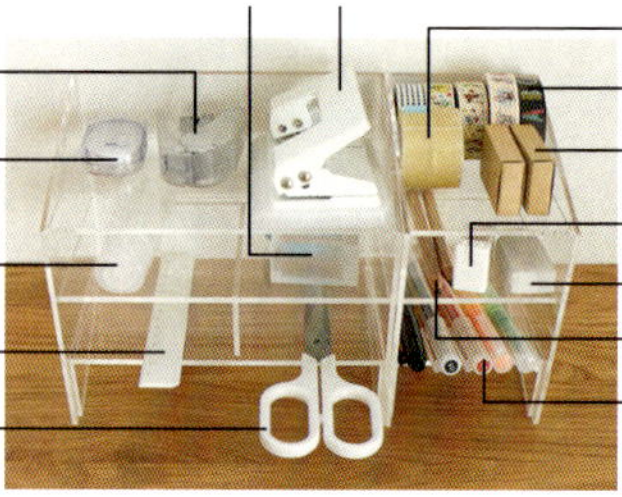

❷ ノーアクションで取れる文房具

よく使う物は座ったままサッと手で取れる場所に。こうすることでいちいち引き出しを開ける必要がありません。

【ラック】（左）アクリル小物ラック 約幅17.5×奥13×高14.3cm、（右）アクリル小物ラック 約幅8.8×奥13×高14.3cm

❸ 物が斜めになるから取り出しやすい！

色えんぴつやクレヨンは先っぽを手前に向けたほうが、使いたい色が見つけやすい。

【ラック】❷（左）と同じ

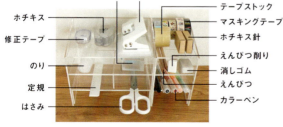

CASE 17 あなたにフィットする

スッキリ美しい！ B

机の上はよく使う物だけ！ 大人みたいにおしゃれな机

＼ こんな人にフィット！ ／

ミニマリスト　キレイ好き

ラベリングで探す手間ゼロ！

机上の引出しは、奥行きが最小限の物をチョイスして、机を広く使います。

Check!

ラベルで中身を明確に！

Check!

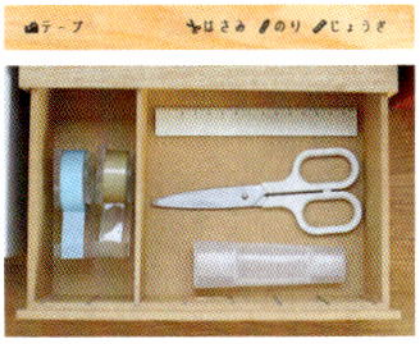

Check!

1

2

【引出し】[左]MDF小物収納1段 約幅25.2×奥17×高8.4cm [右]MDF小物収納3段 約幅8.4×奥17×高25.2cm

Check!

スッキリした収納の中でアクセントになる物を置いておしゃれ度アップ！

1

ファイルボックスをひっくり返せば取り出しやすくもできます。普段は使いやすく、友達が来た時だけ背を向ければ簡単にスッキリ見せられます。

【ファイルボックス】ポリプロピレンスタンドファイルボックス・A4用 ホワイトグレー 約幅10×奥27.6×高31.8cm

2 引出しの中はケースで仕切るのが◎！

引出しの中はケースで仕切ることで、物の居場所を明確に。使った後でも戻す場所がわかりやすいので、キレイをずっとKeepできます！

【ケース】ポリプロピレンデスク内整理トレー1 約幅10×奥10×高4cm、ポリプロピレンデスク内整理トレー2 約幅10×奥20×高4cm、ポリプロピレンデスク内整理トレー3 約幅6.7×奥20×高4cm

子どもが自分で片づけたくなる！魔法の収納の作り方

まずみなさんに知っておいていただきたいのは「子どもが使う場所のマイフィット収納は、子どもの意見なしでは作れない」ということです。

「子どもが片づけてくれない」というお悩み、その原因はその子にあるのではなく「空間の作り方」や「収納の作り方」に何か原因があることが多いのです。

まず空間を作る時に、**子どものための大型家具を購入するとしたら、子どもが選びたい物を聞いてあげることが大切です。** 当然予算の面や間取りとの兼ね合い、そして長く使うことができるのかという面ではアドバイスをする必要があります。ですが、その家具の色や形、そしてテイストに関しては「これがいい！」という子どもの意見に寄り添って決めてあげることが大切です。そうすることで「ここは自分の場所なんだ」という気持ちが自然と芽生えるからです。

収納に関しても、その子の性格に合わせて収納方法やアイテムを選ぶことが重要です。 なぜかと言うと、これはご高齢の方にも言えることですが、引出しに入れるか入れないか、フタがあるのかないのかの違いだけでも「自分で管理できる

便利アイテム！⑰

ポリプロピレンデスク内整理トレー

細々した物を収納するのに便利な「整理トレー」。仕切りが付いているので収納物に合わせて仕切れるのが嬉しいポイント。引出し内の整理に最適なのはもちろんのこと、机の上の「出しっぱなし収納」としても使えます。

マキシマーさんにとってのBの収納のメリット

机の上のタモ材の引出しは３段まで積み重ねが可能。仕切りが動かせたり、３段の方は縦にも横にも使えるので、成長とともに組み合わせを変えてカスタマイズできる。

キレイ好きさんにとってのAの収納の注意点

机の上の出しっぱなし収納は、使う時はラクですが、ホコリ被りは避けられません。近くにハンディモップなどのサッと掃除できるアイテムを置いておく工夫が必要。

のか・維持できるのか」が変わるからです。めんどくさがりな子には断然中身が見えてアクション数の少ない収納がおすすめです。どうしても大人の目線で収納を作ってしまうと「美しい収納」に偏りがちですが、「美しい収納」は「中身が見えない」「アクション数が多い」収納になることが多いのです。もちろん、その子が「美しい収納が大好き！」であれば、そうしてあげることが一番です。

また、これから子どもの空間を作る方にお伝えしたいのですが、子どもは日に日に成長します。**だからこそ、成長に合わせてカスタマイズできる家具や、いくつになっても使える収納アイテムを選ぶことは、とても大事なポイントです。**

子どもと一緒に空間作りや収納作りをする時は、子どもの意見に寄り添いつつ、失敗しないアドバイスを伝え、その子に合った「マイフィット収納」を一緒に作ってみてください。**「マイフィット収納」はその子の「できた！」を増やし、自信をつけることにもつながります。**そして一緒に作り上げていくことで、自分の子どもが好きな「物」や「こと」、さらに意外な一面が垣間見れるかと思います。

私自身も今年11歳になる娘と6歳になる息子の意外な一面を、空間作りや収納作りを通じて知ることができました。性別も年齢も性格も違う二人ですが、たった一つ共通していることがあります。それは、それぞれ「こうしたい！これが好き！」を持っていることです。

おもちゃ収納はどっち？

とことんラク！

A

大好きな物ぜ〜んぶ飾る！ 秘密基地のようなワクワク収納

こんな人に
＼フィット！／

マキシマー

❶ フィギュアはカッコよく並べて収納！

アクリル小物ラックを使ってフィギュアを収納。コレクションがズラっと並ぶとテンションUP！

【ラック】アクリル小物ラック 約幅8.8×奥13×高14.3cm

Check!

写真付きラベルで中がわかりやすい。

Check!

本はコの字ラックを逆さに使えば掃除もラク！

Check!

年々増えるベルトのスペースは大きめに確保！

❹ フィギュアは足が飛び出ない工夫を

メイクボックスをIN！

Check!

S字フックでお気に入りのリュックを掛けて。

❷ 奥行きのあるケースを引き出し代わりに

奥の物まで一気に引き出せるので、取りやすい！

【ボックス】ポリプロピレンファイルボックス・スタンダードタイプ・ワイド・1/2 約幅15×奥32×高12cm

フタに載せるだけ！

❸ 組み立てたまま収納するから一気に出せる

お城やおうちのおもちゃは、フタに載せて出しっぱなし収納に。

Check!

スタッキングで収納量UP！＆一緒に使う細かい物はメイクボックスを入れて分類。

【棚】スチールユニットシェルフ・スチール棚セット・小・ライトグレー 幅58×奥41×高83cm、【本のラック】アクリル仕切棚・小 約幅26×奥17.5×高10cm、【ベルト収納の引出し】ステンレスユニットシェルフ・ステンレス追加用ワイヤーバスケット 幅56cmタイプ用、【スタッキングしているカゴ】［上］18-8ステンレスワイヤーバスケット3 約幅37×奥26×高12cm［下］18-8ステンレスワイヤーバスケット4 約幅37×奥26×高18cm ❸【フタ】ポリプロピレンファイルボックススタンダード用キャスターもつけられるフタ 幅25cm用・ホワイトグレー ❹【カゴ】18-8ステンレスワイヤーバスケット1 約幅26×奥18×高18cm、【ボックス】ポリプロピレンメイクボックス・1/2 約幅15×奥22×高8.6cm／その他著者私物

CASE 18 あなたにフィットする

スッキリ美しい！ B

ラクちんなのに美しい！ 子どもが維持できるポイポイ収納

こんな人にフィット！

キレイ好き

❶ レゴもポイポイ入れるだけで簡単収納！

そのまま持ち出して遊べる！ ラベルは絵文字を入れてわかりやすく。

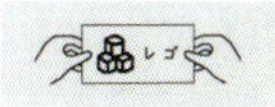

❷ 大きいおもちゃは大きい引出しに入れる

シリーズものはこの先増えても対応できる余裕のある収納に。

❸ お絵描きセットはモバイル収納に

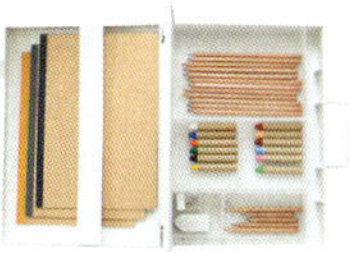

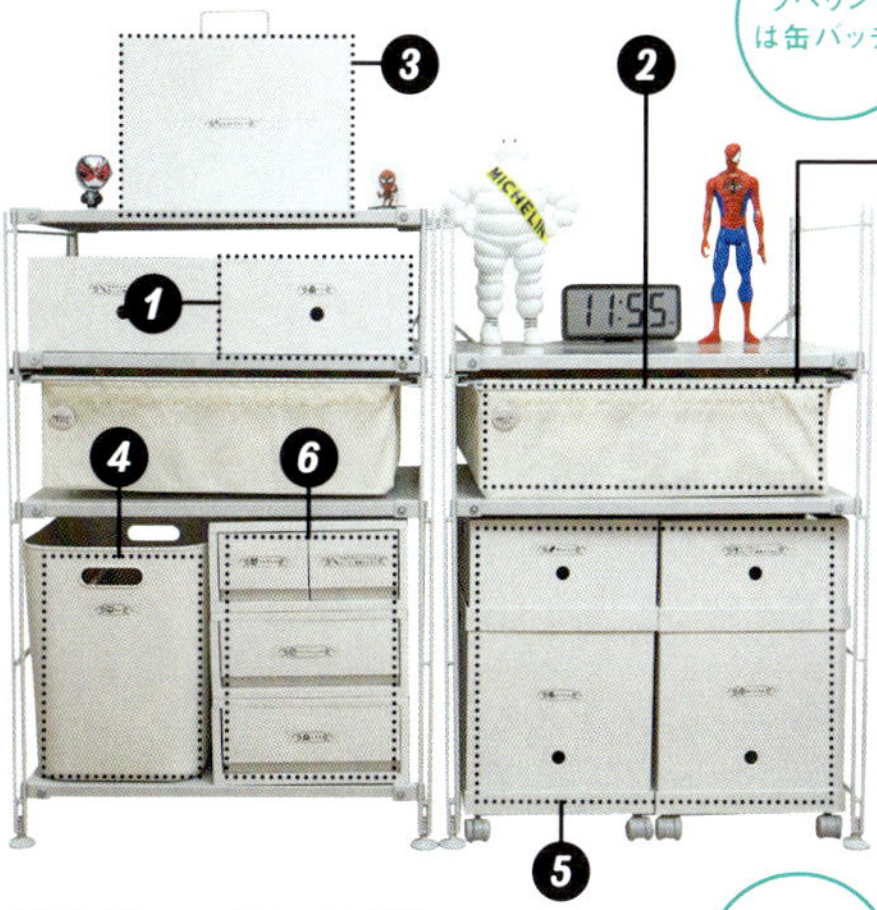

ラベリングは缶バッチ！

Check!

布製でもしっかりラベリング。

❹ 絵本はここに入るだけ！

大きめのボックスでポイポイ入れられる収納に。

【ボックス】やわらかポリエチレンケース・深 約幅25.5×奥36×高32cm

❺ スタッキングアイテムで収納量UP

ボックスを重ねることで、スペースを余すところなく有効活用！

❻ 細かい物の収納は引出しに

ベルトの付属品やミニカーなど、小さなおもちゃは、シリーズごとに分けて収納。仕切りをうまく活用して、戻す場所を明確に。

遊びごとにおもちゃを分類！

【上段】細かいおもちゃ

❺ 他の場所で遊ぶ時は箱ごと移動！

大きいおもちゃは大きい箱に。キャスター付きなら、そのまま移動して遊べて掃除もラク！

【下段】大きいおもちゃ

❶【ボックス】ポリプロピレンファイルボックススタンダード・幅25cmタイプ・1/2・ホワイトグレー 約幅25×奥32×高12cm ❷【引出し】スチールユニットシェルフ・追加用帆布バスケット・ライトグレー 幅56cmタイプ用 ❸【ケース】自立収納できるキャリーケース・A4用・ホワイトグレー 約幅32×奥7×高24cm ❺【ボックス】[上]❶と同じ[下]ポリプロピレンファイルボックススタンダード・幅25cmタイプ・ホワイトグレー 約幅25×奥32×高24cm、【フタ】右ページ❸と同じ、【キャスター】ポリプロピレン収納ケース用キャスター 4個セット ❻【引出し】[上段]ポリプロピレンケース・引出式・浅型・ホワイトグレー・2個(仕切付) 約幅26×奥37×高12cm、[下段2個]ポリプロピレンケース・引出式・浅型・ホワイトグレー 約幅26×奥37×高12cm／その他著者私物

子どものおもちゃは「遊び方」に合わせてグルーピング

わが子に「自分でおもちゃを片づけてほしい」と考えているのなら、その子が「どんなおもちゃ収納ならば大好きになるのか」、そこから考えてみましょう。

まず、どんなに小さな空間でもいいので、「ここはあなたの自由にしていい場所」という空間を設けてあげてください。「ここは自分の場所なんだ！」と思わせてあげることが大切です。その場所は、いつもその子が遊んでいる場所がいいでしょう。遊ぶ場所が分散している場合は、おもちゃ収納も分散してあげると「遊んだら戻す」が習慣化しやすくなります。**大人もそうですが、使う場所から遠い場所に戻すというのは面倒なので維持できない原因となります。**

その子のためのスペースが決まったら、持っているおもちゃがどんな物なのか、そしてどんな遊び方をする物なのかを聞きながら、収納方法や収納アイテムを決めていきます。例えばカードゲーム一つにしても、遊び方がわからないと「カードケースにひとまとめにするのがいい！」と思いがちです。ですが、遊び方をよく聞くと同じカードでも保管用・遊び用・交換用など、「分類して収納した方が

便利アイテム！⑱

自立収納できるキャリーケース

おもちゃやお絵描きセットなどを色々な場所に持ち運んで遊びたいという子におすすめなのが、子どもでも持ち運びがラクにできるキャリーケース。ホワイトグレーと半透明のタイプがあり、その子の好みに合わせて選べる。

マキシマーさん にとっての Bの収納の メリット

物が増えても対応できるゆとりがあります。ブロックやヒーローベルトなど、さまざまな大きさ、形の物が増えてもポイッと入れるだけ。大容量の簡単収納です。

キレイ好きさん にとっての Aの収納の 注意点

「飾る収納」はどうしてもホコリを被りやすい収納です。なるべく掃除しやすいよう、収納物をまとめて動かせる方法を取り入れ、お掃除道具もすぐ近くに配置しておきましょう。

遊びやすい」ということがあります。**おもちゃは遊ぶ物なので、「遊びやすい収納にする」ことが維持する秘訣です。**子どもとコミュニケーションを取りながら遊び方を理解したうえで一緒に収納を作ってみてください。

当然のことながら、子どもは一人一人違い、その子の個性があります。お気に入りの物は全部飾りたい子もいれば、大切にしまいたい子もいます。ボックスにポイポイ入れることはできるけれど、細かく分けるのが苦手な子もいます。色々な物が目に入ると混乱してしまう子もいれば、すべてが見えていないとイヤという子もいるのです。

実は私も息子の「マイフィット収納」を見つけるまでにだいぶ時間がかかりました。「この子は片づけられない子なのかも……」と悩んだ時期もありましたが、今では驚くほど片づけ上手です。以前まで、息子の収納はボックスにポイポイ投げ入れるだけの収納でした。ですが、いつも戻さない。そこでよく話を聞くと、息子は大好きなおもちゃを「すべて飾りたい」のだとわかりました。そこでボックスにしまう収納をやめ、棚や壁面収納を使い、飾れるだけ飾る収納にしてからは、息子は自分のこだわりを持って自分で片づけてくれるようになりました。

片づけられない子どもにお悩みの方も、その子の「マイフィット収納」さえ見つかれば、きっと楽しんで片づけてくれるようになると思います。

Column 02

知っておきたい マイフィットの落とし穴

A 「とことんラク！」な収納の落とし穴

〈 物をどんどん増やしがち 〉

ラクな収納は「フタなし」「入れるだけ」で済むアイテムを選ぶことが多いので、ポイポイと気づかないうちに物が多くなってしまう場合があります。「ここに入るだけ」という意識を持っていないとすぐに散らかる原因になるので注意が必要です。

〈 掃除が大変になりがち 〉

ラクな収納は「出しっぱなし」「フタなし」の収納になることが多いので、気づいたら収納物がホコリまみれになっているということも。天秤にかけた時、自分が本当にラクしたいのは「出し入れのしやすさ」なのか「掃除のしやすさなのか」を考えてみましょう。

〈 収納が崩れやすくなりがち 〉

ズボラさんほど、どこに何をしまうかをざっくりと分類しがちですが、そうすると「複数の収納場所に分類できる物」や、「どこにも分類できない物」が出て、結局何がどこにあるかわからなくなることも。それを防ぐには最初にひと手間かけて、少しでも細かく分類しましょう。透明なケースでも「ラベリング」は必須。何をどこにしまうか、明確にすることがラクな収納を維持する秘訣です。

自分や家族の「性格・クセ・好みに合わせた
マイフィット収納」を作る時の土台は
「ラクな収納」と「美しい収納」の大きく2つに分かれます。
そしてこの2つにはそれぞれメリットもたくさんありますが、
見落としがちな「落とし穴」もあるのです。
そうしたデメリットも把握して、
自分や家族にフィットする収納をより深く考える
ヒントにしてください。

B 「スッキリ美しい」収納の落とし穴

〈アクション数が多くなりがち〉

見た目の美しい収納は物を隠せるアイテムを選びがちなので、気づいたら「引出しを引く」「重なっている物をどかす」「フタをあける」などのアクションが多い収納になっていることが多いのです。アクション数が多いと家族は維持できない場合もあるので気をつけましょう。

〈中身がわからなくなりがち〉

見た目の美しい収納は中身が見えない収納になりがち。そのためしっかりラベリングをしないと自分も家族もどこに何があるかがわからなくなってしまいます。家族共有の場所では、誰が見てもわかりやすいラベリングで中身を明確にする工夫が必要です。

〈「美しい収納」=「真っ白」にしがち〉

真っ白な収納は美しく見ていて気持ちのいいものです。でもそれは「自己満足」になっていませんか? 自分だけのスペースならば好きな収納にしてもいいけれど、家族はどうでしょう?「真っ白だと疲れる」「真っ白だと殺風景」。そう感じる人もいるので家族共有の場所は家族の意見も取り入れて考えましょう。

Column 03

あなたのマイフィットアイテムはどっち!?

収納アイテム一つで使い勝手や見た目の印象、そして収納量はガラリと変わります。何を優先すれば自分が維持できる、そしてモチベーションが上がる収納になるのかを意識しながらマイフィット収納を考える練習をしてみましょう！

食器

B スタッキングできるバスケット

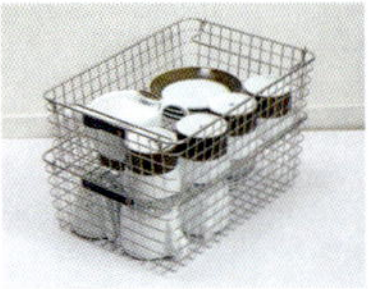

グルーピングを崩すことなく収納量を上げられるアイテム。スタッキングできるので空間を有効活用したい時の強い味方。重さがあることや、底が安定しないという点は気をつけて。

VS

A アクリル仕切棚

簡単に収納量を上げることができるアイテムの一つ。透明なので圧迫感がなく見た目もスッキリ。ただし下段に来る食器の幅が制限されてしまうという落とし穴があるので要注意。

食料ストック

B ポリプロピレンケース・引出式

引出しなので、奥の物もラクに取り出せて補充もラク。缶詰は寝かせて入れるとラベルが見やすい。ただ、扉のある棚の中に置くと扉と引出しを二度開けるのでアクション数が多くなる。

VS

A ポリプロピレン収納ラック

ひと目で何がどこにあるのがわかりやすく、「引く」「開ける」の手間がないのでとてもラク。ただ、奥の物を把握しづらいという落とし穴あり。入れ方を工夫して消費期限切れに注意して。

Which one fits me ?

シーズンオフの衣服

B 重なる ラタンバスケット

天然素材で空間のアクセントにもなるバスケット。見た目を美しくおしゃれにしたい人にぴったり。ニットなどを収納する際は不織布ケースと組み合わせてひっかかりを防いで。

VS

A ポリプロピレン キャリーボックス

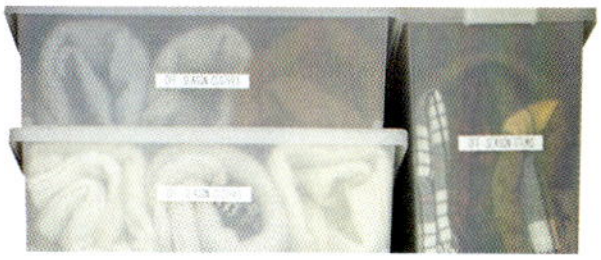

中身が見えてスタッキングでき、丈夫でロックもできる。見た目は雑然と見えるけれど「何を収納したか忘れてしまう」という人にはおすすめ。たたみ方に合わせてサイズも選べる。

本・書類

B ファイルボックス

並べるだけで美しい収納が簡単に作れる優れ物ですが、棚に入れると「引く」という手間が発生。置く向きによっては引く手間がないけれど、正面の立ち上がりが邪魔に感じるかも。

VS

A 仕切りスタンド

見た目は雑然とするけれど、「引く」「中を確認する」という手間のない「ラクな収納」が作れるアイテム。仕切りがあるとバタバタと倒れる心配もなくとても便利。

Column 04

分類タグ・ラベルのマイフィットを探そう！

マイフィット収納を維持するために必要なのが「ラベリング（しるしをつける）」という方法です。「何が収納されているのか」「どこに戻すべき物なのか」「誰の物なのか」がひと目でわかれば、家族共有の場所でもスッキリとした空間が維持しやすくなります。ラベリングも「見た目の好み」や「作りやすさ」などマイフィットを見つけることが大切です。ラベリング次第で空間の印象が変わり「美しい」「おしゃれ」にもなるけれど、一番大切なことは「使う人にとってわかりやすい」ということです。

ラベルシール

ラベルライターを使ってラベルを作る方法。書くのが面倒な人や、絵文字を組み合わせた「しるし」にしたい人におすすめ。文字を読むのが疲れる・苦手という人は絵文字だけでもOK。ラベルを貼れない収納用品にはタグが作れるリボンテープもあります。

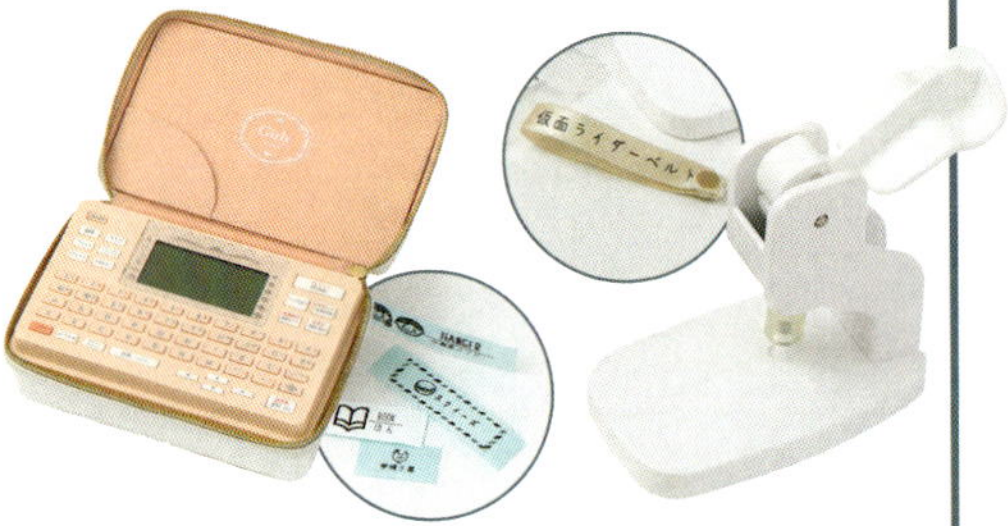

（左）ラベルライター「テプラ」PRO SR-GL2／（右）お名前タグメーカー SRT10（ともに株式会社キングジム）

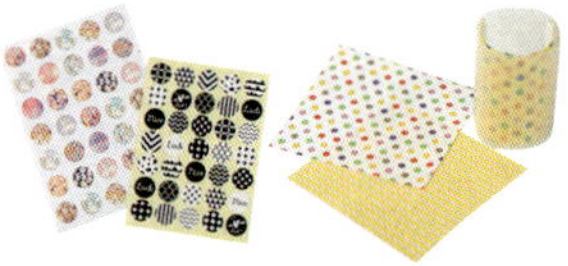

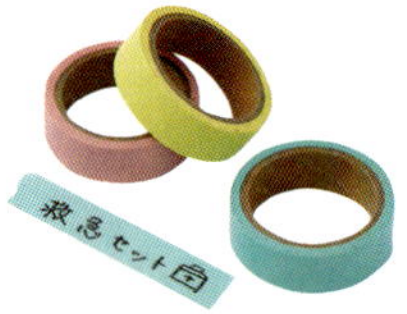

シールや折り紙

100均のシールを「誰の物なのか」という「しるし」にしたり、お気に入りの折り紙を収納用品と組みあわせて柄付きの収納用品に変身させてしまうのも有効な「ラベリング」の一つ。無印良品の物は簡単にカスタマイズしやすいのでおすすめです。

マスキングテープ

「わざわざラベルライターで作るのは面倒！」「その場でササッと作って貼りたい！」という方にはマスキングテープに直接書く方法がフィット。色や柄が豊富なので、オリジナルの「しるし」が簡単に作れます。

缶バッチ

布製の収納アイテムには、缶バッチメーカーを使って作った「缶バッチ」のしるしが◎。文字・イラスト・写真、何でも缶バッチにできるので、子どもが楽しめる、そして喜ぶ「しるし」の一つです。

（左）Canバッチgood!／（右）Canバッチgood! 3cmバッチ素材いっぱいセット（ともに株式会社バンダイ）

MY FIT LESSON 3

みんなのマイフィットが見てみたい!

素敵なマイフィット収納を実践しているお宅を拝見! それぞれ
「とことんラク!」「スッキリ美しい!」収納のこだわりが溢れているので、
ぜひあなたのお家の収納作りのヒントにしてみてください。

CASE 1

田中恵莉さん（35歳）

整理収納アドバイザー。Instagram @ beautiful_scenery914「美しい風景のつくりかた」https://fuukei0914.amebaownd.com 夫、長女（6歳）、長男（4歳）、二女（2歳）の5人家族。4LDK、92㎡、築15年の賃貸マンション。

物が少ない収納

“持たない暮らし”でムダな動きにさよなら！

効率のいい収納なら子どもとの時間が増える

洗面台下やキッチンのシンク下の収納は「子どもが勝手に開けるので」と、空っぽ。他にも家の中には収納の〝余白〟があちこちに。3人の育児に追われる田中さんが、物を持たない暮らしになったのは、ご主人が転勤族だったこともありますが、実際にアドバイザーの方に来てもらって片づけをしたのがきっかけ。そうして引っ越しのたびに、物を減らして、〝使う頻度〟と家族の〝行動〟に合わせた収納のスタイルにたどり着きました。

たとえば子どもの遊び場でもあるリビング。着替えのたびに別室に服を取りに行かなくていいように、服を入れた引出し収納をおもちゃの棚の横に設置。ムダな行動を省いてできた時間は、子どもとの時間に。「これが完成形ではなく、子どもの成長とともに物が増えるのは覚悟しています。それもまた楽しみですから」。

LIVING & DINING

子どもの遊びも着替えもここですべて完結！

「週に2～3回以上使う物はその部屋に置く」というルールに沿って、ダイニングとリビングで使う物をコンパクトに収納。TV台を兼ねるスタッキングシェルフはおもちゃ専用。「おもちゃはここに収まる量と決めています」

オムツ替えグッズが全部ここに

1

もっと見せて！

2

1. カゴにはオムツ替え用品の一式が。　2. 3人の子ども服が引出し別に。

3

4

3. 引出しは「つみき」など種類別に。　4. 「全部に詰め込むと圧迫感があるので空けています」

使う時はペン立てを外側に

壁面収納はあえて高い位置に

ダイニング側の壁収納は子どもの手が届かない高さに。上の白いケースは処理を急ぐ書類や文具入れ。ペン立ては普段使わない時は内側にスッキリと収納できます。下のカゴはなんとノートパソコン入れ。

KITCHEN

シンクの上も下も物が少なくても使いやすいキッチン

1.「洗剤ストックや掃除道具も最小限しか持ちません」 2. シンク下の収納は「子どもが勝手に開けるから」と空っぽ。3. コンロで使うフライパンや調味料はコンロ下に収納。

よく使う食器は届きやすい高さに

4. 食器は棚の上2段のみ。5. サッと使えるよう掃除機は隙間に。6. 冷蔵庫の扉に買い物リストをペタリ。

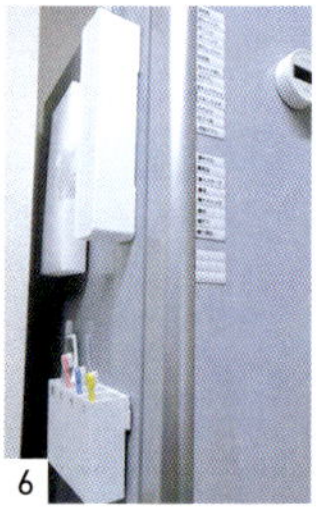

JAPANESE ROOM

押入れにも程よい余白が

リビング横の和室。「押入れには薬や工具、書類など幅広い生活用品を入れています」。ラベリングで誰が見てもわかりやすく分類。

1. 通帳や印鑑など大事な物をフタがしっかりしまる薬箱に。2. 電池や工具など細かい物は小分け収納。

もっと見せて!

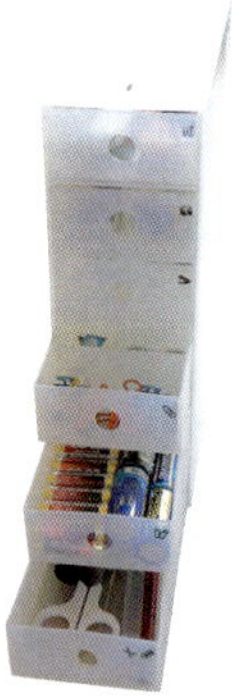

LAVATORY

ストックを持たないから余白たっぷり

ストックは最小限しか持たないため、洗面台下には体重計だけ。2台のストッカーには家族の下着やタオルなど、洗面所で使う物だけを収納。

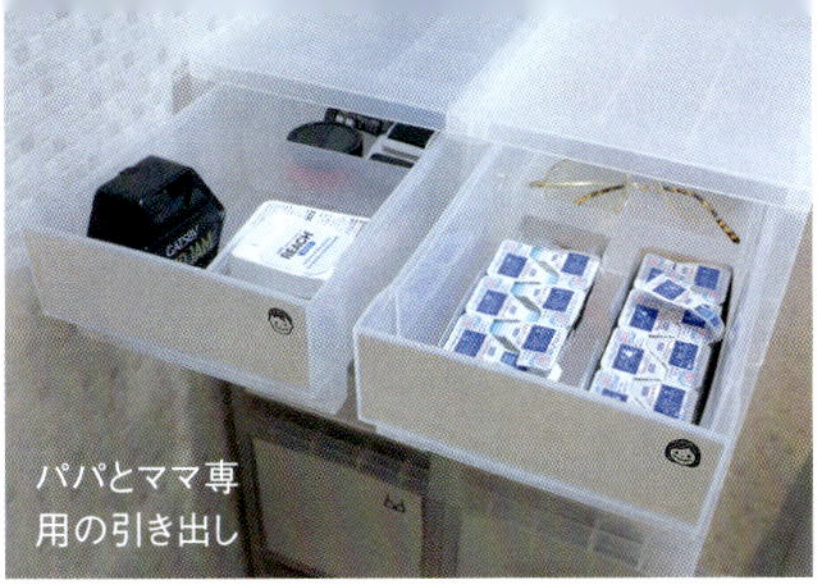
パパとママ専
用の引き出し

1

中身を
見せて！
2

1. タオルは大きさ別に収納。 2. ママのスキンケアも引出しに入れることで洗面台がすっきり！

CLOSET

思い出グッズと服もこれだけに限定

1. 家族の思い出ボックスやひな人形などイベントグッズはここ。 2. ご主人も“持たない暮らし派”。 3.「服もここに入る分だけであまり買わなくなりました」

1

2

3

1

ビーサンは
保存袋に
入れて立てる
2

SHOES BOX

小さい下駄箱だから扉裏まで有効活用

1. ママ以外の4人分の靴がこれだけ。 2. 扉に引っかけられるフックに傘を。シーズンオフのビーサンは立てれば省スペースで収納できます。

CASE 2

岸上のぞみさん（30歳）

整理収納アドバイザー。整理収納教育士。Instagram @mmm_kurashi　夫、長男（1歳）の3人家族。3LDK+S、99㎡、築1年の持ち家一戸建て。

スッキリ美しい！

物が少ない収納

物が少ないからできる“飾る収納”で家が大好きな空間に

サッと取れて見た目も◎物を厳選したオープン収納

岸上さんは、以前は注文住宅や家具の販売など、暮らしに関わる仕事に携わっていました。最近、整理収納アドバイザーの資格を取得し、「家族が機嫌良く暮らす」という視点から収納を考えるように。「この家を購入する際にも、キッチンや玄関の収納は作りつけではなく、自分たちが使いやすいようにカスタマイズしました」。

その結果、取るのもしまうのもラクなオープン収納を選択。お店のディスプレイのような〝飾る収納〟が、居心地のいい空間を演出しています。

「物を厳選することで、飾る収納を楽しめるようになりました。減らしてみると、一つ一つの物に愛着を持つようになりますね」。〝見た目にこだわる物が少ない収納〟で、お気に入りの物に囲まれた「機嫌のいい暮らし」を実現することができました。

KITCHEN

“使い勝手”と“飾る”を両立した台所収納

お気に入りの食器棚とカスタマイズしたオープン棚で“見せる収納”に。シンク上に棚がないので、キッチンが広く感じられます。

1

2

1.「子どもがスイッチを押すので」と食洗器はブレーカーを落として食器入れとして使用。食器を立てて入れるので使い勝手よし。　2. コンロ奥に調理器具をオープン収納。包丁は磁石式のホルダーに。

見えない所は機能性を優先

1. リビングからは見えないキッチン横の棚は、無印良品の収納グッズで統一。ワイドサイズのファイルボックスにはストックのティッシュ箱がジャスト。　2. 文房具類は分類して引出しに。必要な物がすぐ取り出せます。

1

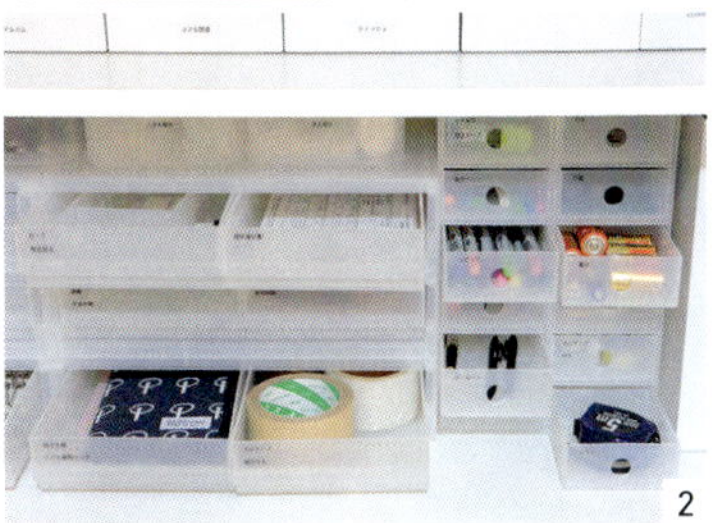

2

リビングから見える棚は見た目を重視

1. お茶セットはフタ付きカゴに IN。　2. 竹製のカゴには、似た素材のザルや巻きすなどを。　3. カラフルなパッケージはクロスで目隠し。　4. キャニスターなどもバランス良く配置。

天然素材
なので見た目
も落ち着く

3

4

青い食器棚はリサイクルショップで購入。天井から吊るしたドライフラワーがアクセントに。

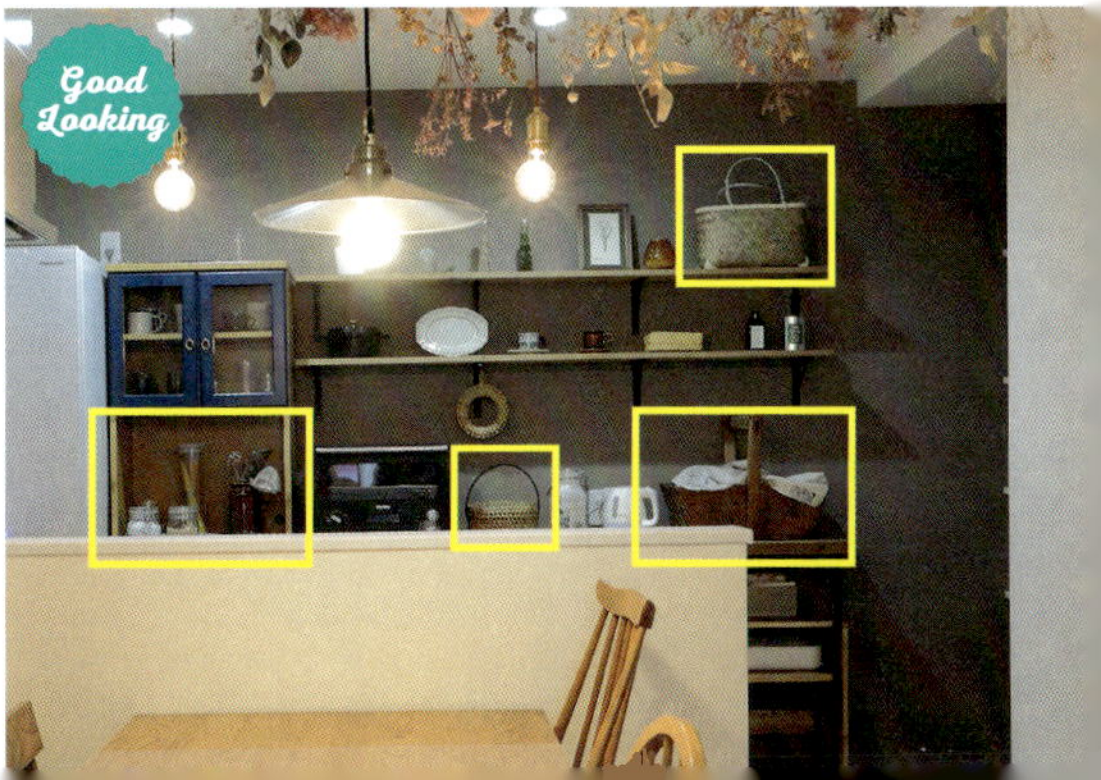
Good
Looking

LIVING & DINING

木の温かみを収納棚にも

子ども用収納棚や壁面につけた棚など、収納にも木を多く使って温かみのある空間に。アロマやレコードなどお気に入りの物はオープン収納にして、見て楽しみます。

オムツセットは使う場所ごとに

寝室のオープン棚を子ども用クローゼットとして使用。寝室で使うオムツセットをかごに。

KID'S CLOSET

まるでお店みたいな子ども用クローゼット

ハンガーポールに市販のブランコハンガーを取りつけ、子ども服をお店のようにディスプレイ。グレーのバケツはゴミ箱。子どもがいたずらしないようこの位置に。

リビングで使う子どもの物はここに集中

1. 特注の無垢材のオープン棚。カラフルな子どもグッズは、必要最小限だけを陳列。　2. 子どものおもちゃやオムツは、フタ付きの布製ボックスに入れれば、リビングのインテリアの雰囲気を損ないません。

1

おもちゃが増えてもまだまだ余裕!

2

3

4

3. 壁面棚に置いた小さな引出しにはスマホやパソコンの充電器が。一番下は空っぽ。　4. テーブルの上に置くのは、このワイヤーバスケットに入れた物だけ。これだけどかせばいいのでテーブルを拭く時にラク。

1

2
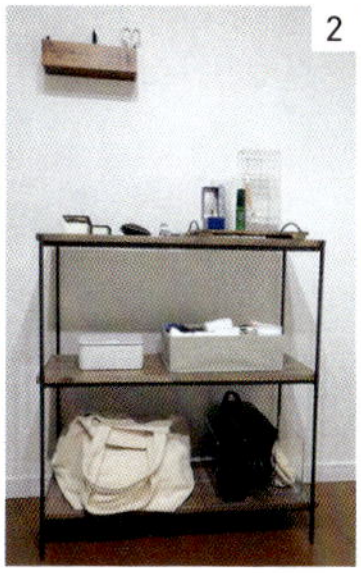
3

4

1. よく使う服やバッグはこのラックに引っかけ収納。 2. 小物類もオープン棚に。 3. 上段には時計やアクセサリーなどを美しく配置。 4. 壁につけたラックに文房具を少し。

STOREROOM

衣替え不要で年中スッキリ

夫婦の衣類はオールシーズンを通してこれだけ。このクローゼットに集中収納しています。だから衣替えの必要なし。

モノトーンに徹する

1. 洗面台に置いてあるのはハンドソープのみ。 2. 鏡裏収納も物が少ないから、必要な物がすぐ取り出せます。

LAUNDRY& LAVATORY

決して広くはないスペースを最大限に活用。

1

2
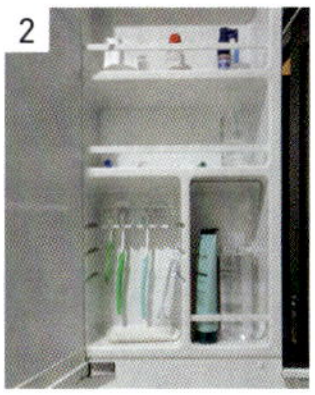

ランドリーバスケットもスタイリッシュに

右の引出しは下着などを。洗濯カゴにもこだわりが。

タオルを立てる

スチール仕切板を使ってタオルを立て、高さをそろえてスッキリ見せます。

ENTRANCE

オープン下駄箱で開放感を

1. 扉付きの下駄箱にすると圧迫感があるので棚だけに。ゴチャついて見えないのは1段3足に限定しているから。
2. 玄関ドアには鍵用ボックスを設置。

1

2

CASE 3

川井未来さん（45歳）

ライフオーガナイザー。「Mirai colors ～脱・ズボラママのお片付け術～」https://ameblo.jp/xao1834 夫、長男（7歳）、二男（5歳）、義父の5人暮らし。二世帯住宅で2階の2LDKが住まい。2階だけで82.5㎡、築12年の持ち家一戸建て。

物が多い収納

収納を見直すと暮らしがラクになる、自分時間が増える

人の真似ではなく わが家に合った収納を作る

川井さんが収納を見直したのは二男の育休を終えて、仕事復帰してからでした。「夫は仕事が忙しくて、ほとんどワンオペ状態だったので、片づけまで手が回らなくて、散らかり放題だったんです」。平日はフルタイムで働き、土日は片づけに追われる日々が続きました。

「このままでは無理」と思っていた時に、ライフオーガナイザーのことを知りました。「雑誌や本で紹介されていることを真似するのではなく、わが家の暮らしに合った収納にすることが大事で、そうすれば片づけがラクになるという考え方に共感しました」。

その後、試行錯誤を繰り返しながら自分と家族にフィットした収納を少しずつ完成させていきました。おかげで休日は片づけから解放されて、自分の時間を楽しめるようになりました。

LIVING

リビングにおもちゃが散らかる問題を解決

子どもたちがリビングで遊ぶことが多いので、プレイルームとは別にリビングにもおもちゃ収納を作りました。「子どもが片づけやすくなり、出しっぱなしが減りました」

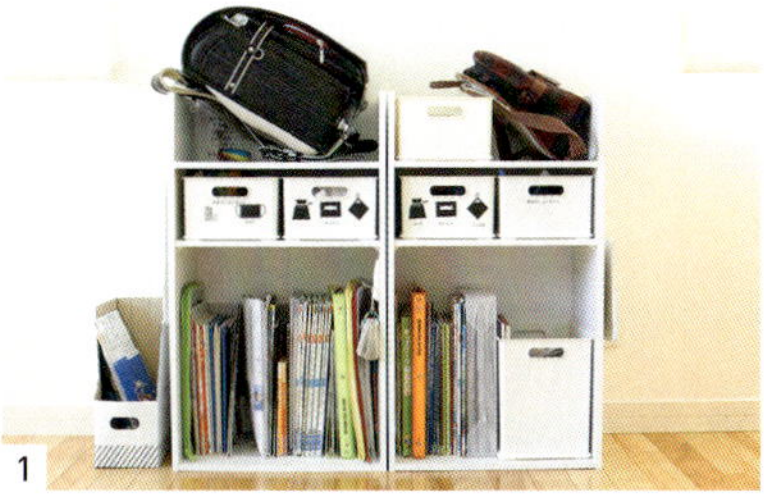

1

2

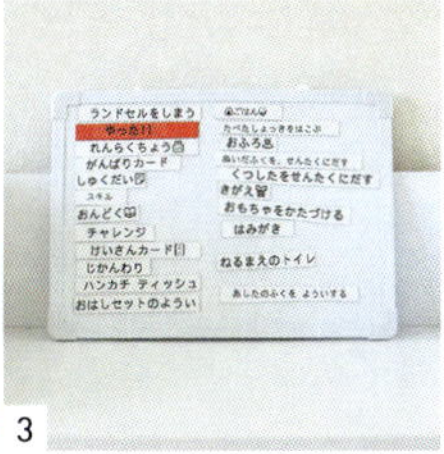

3

1. 子どもは帰宅するとリビングに直行。リビングにランドセルと保育園バッグの置き場を作って、散らかりを防止。2. 小学校の予定表は棚横に。3. ランドセル収納を見直したのをきっかけに、やることリストを作成。「『あれやったの?』と何度も言うことがなくなり、ラクになりました」

CORRIDOR

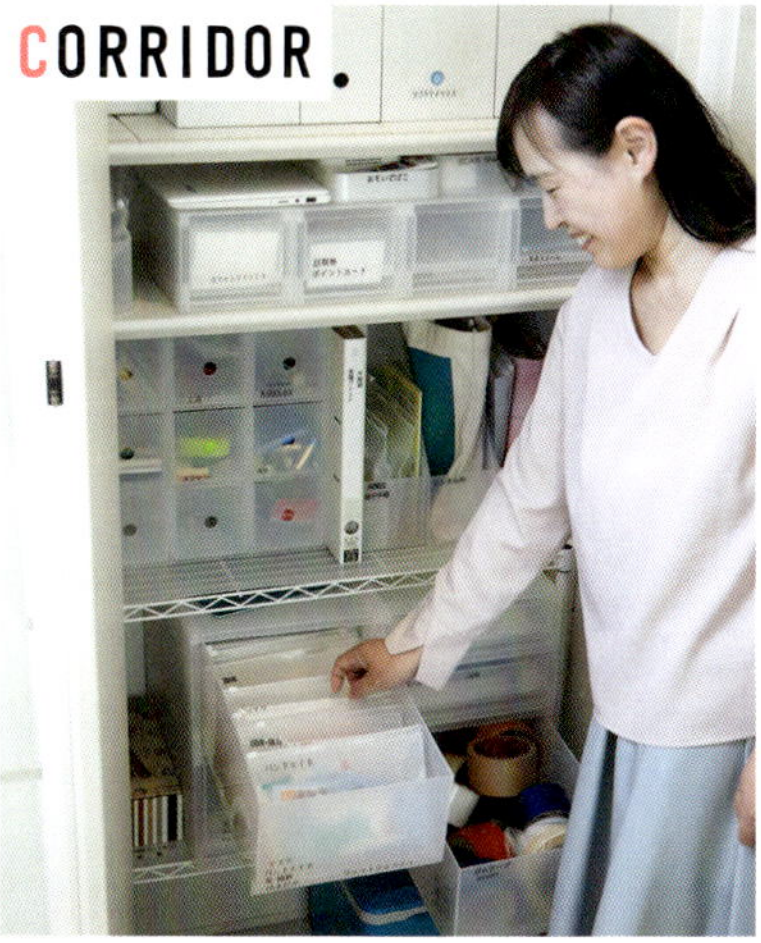

仕切る&ラベリングで必要な物がすぐ取れる

リビングを出てすぐの廊下にある収納。入れる物のサイズや用途に合わせて、収納グッズを使い分けます。ラベリングで必要な物がすぐ見つかります。

PLAYROOM

1

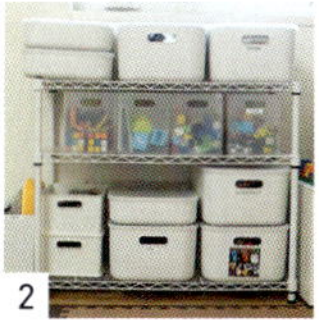

2

1.「どうしてもおもちゃが多くなって……」とプレイルームにもおもちゃがいっぱい。2. ブロック、折り紙、車、お面……などザックリ分類してケースに入れます。

KITCHEN

上から下まで
扉裏も
使い切ります

2

1

徹底的に仕切れば、物が多くても迷子が出ない

1. 収納の扉を閉めた状態だと、こんなにスッキリですが……。　2. 奥のパントリーの中は物がいっぱい。物を分類して、ファイルボックスやカゴに分けて収納。扉裏も壁面収納に活用します。　3. シンク下には、キッチン用洗剤が 9 個も。ラベルは上から見てわかる位置に貼ります。

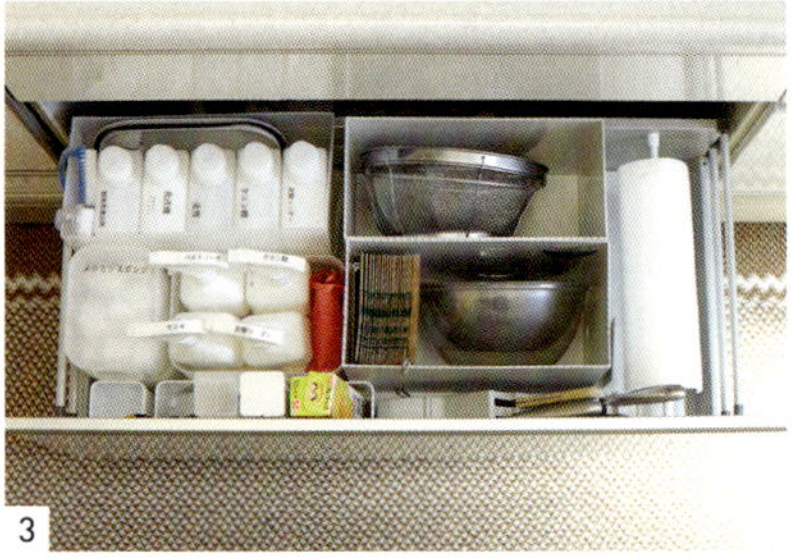

3

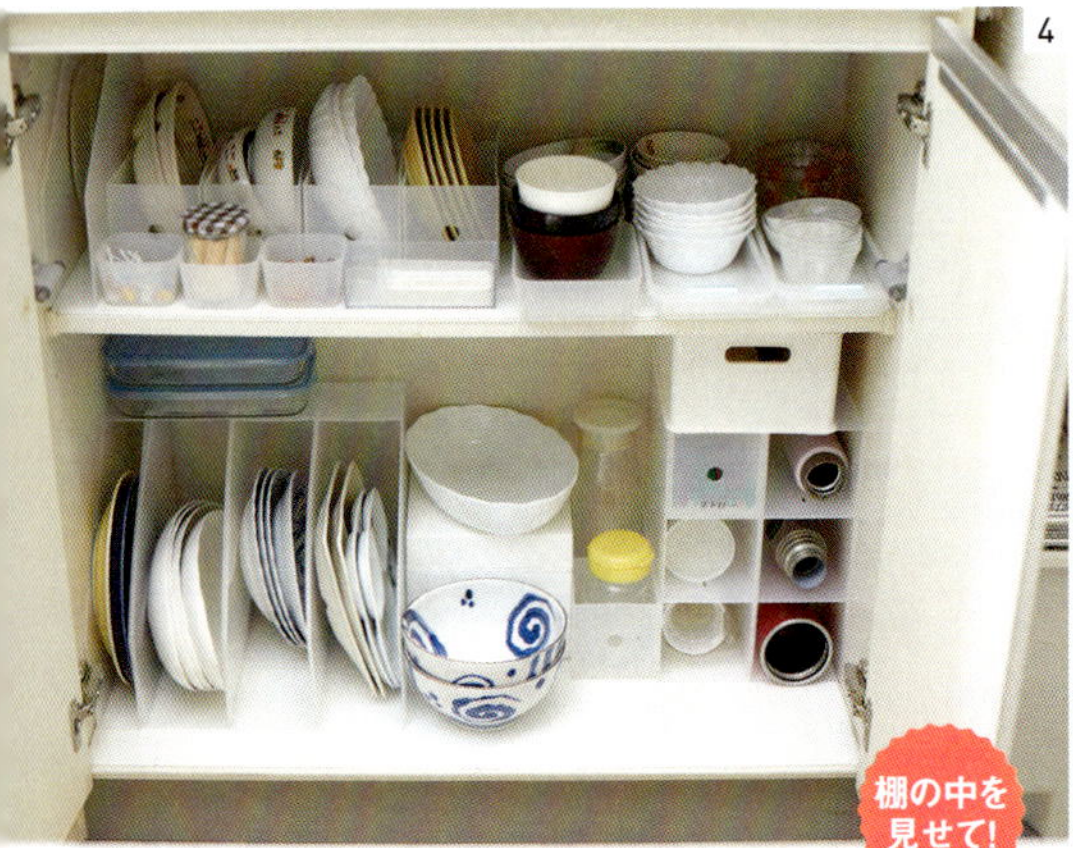

4

棚の中を
見せて!

5

6

4. 食器の数は多くはありませんが、仕切って使いやすく。　5. 水筒は洗って拭いたあと、中が完全に乾くまでキッチンに出しておくのが邪魔なので、フタを開けてここに。　6. ゴミ箱横にフックをつけバッグをぶら下げて、替えのゴミ袋を IN。ゴミ袋はパッケージから出しておくと交換がラク。

CLOSET

川井さんの物だけでこれだけの量が……。

収納ワザを駆使して出し入れしやすく

1. 服を種類別に仕切ります。仕切りに使用しているのは100均のスマホ立て。 2. たくさんあるメガネもしっかり仕切ります。 3. バッグの幅に合ったファイルボックスを使用。

1

2

3

吊るせば
出し入れが
ラク

吊るす収納なら、取るのもしまうのもラク。タイツもたたまずに吊るします。

こだわりPoint!

物が多くてもラベリングでラクする

1

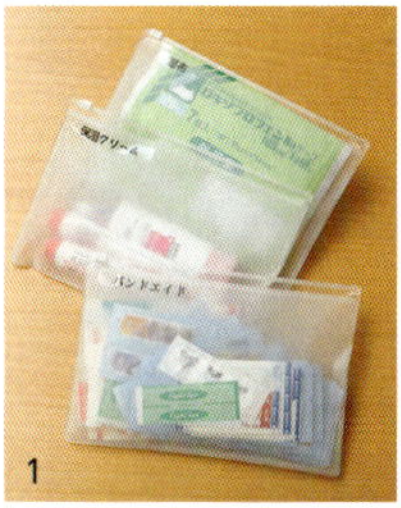

2

ラベルは
上から見て
わかる位置

3

4

1. これなら薬箱の中を探す手間がありません。 2. 容器を詰め替えた洗剤も、ラベリングで中身が何か一目瞭然。 3.「子どもに決めさせたら、ベルトのラベルが『へんしん』になりました」 4. 小さな子どもには、文字より絵のほうがわかりやすいです。

LIBRARY

ミニ書庫に趣味の本とCDを

クローゼットに隣接したスペースを書庫として利用。本やCDの高さに合わせて、棚板の位置を調整して、スペースのムダを出しません。

CASE 4

清水幸子さん（39歳）

整理収納アドバイザー。Instagram @oheyasukkiri　夫と小学生の娘と3人暮らし。2LDK、55.5㎡、築41年のマンション。

物が多い収納

収納の見た目がいいと片づけがラク&楽しくなる

家族が片づけやすい収納は忙しい主婦の味方

清水さんは以前から片づけが好きでしたが、出産後に次々と物が増えたことでストレスを感じるようになりました。そこで、物が多くても片づけやすく見つけやすい収納を目指すことに。

「片づけやすさだけではなく、見つけやすく、そして美しく収納することにもこだわりました。収納計画をきちんとすることで見た目がスッキリして、片づけのモチベーションも上がるんですよね」。

収納の楽しさと奥深さを知った清水さんは、２０１０年に整理収納アドバイザーの資格を取得。現在は整理収納サービスの仕事をしています。

「家族にもわかりやすい収納なので、私が多忙で片づけられない時でも、家の中が散らからないんです」。

スッキリとした収納は忙しい主婦をサポートする心強い味方にもなっています。

LIVING

リビングで使う物を集中収納

キッチンとリビングを仕切る食器棚をリビング側に向けて配置。最下段にはDVD、薬、文房具など家族がリビングで使う物をまとめて収納。

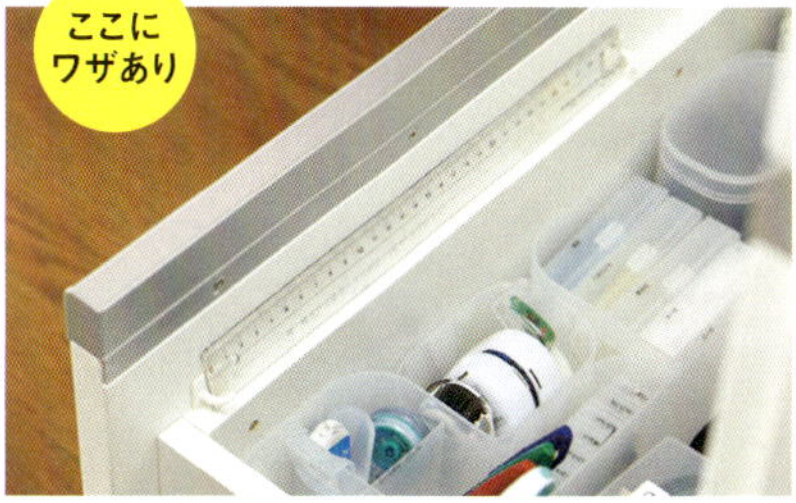

30cmモノサシの裏ワザ収納を発見！

フックを横にして、モノサシ立てに。「30cmのモノサシって、意外と置き場所に困るんですよね」とこれならスペースを取らず、すぐ見つかる。

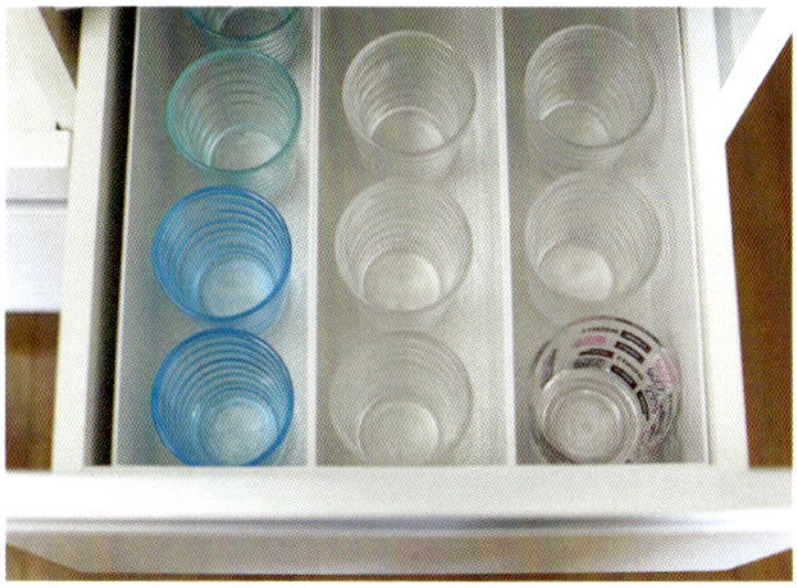

グラスも整然と並べて

引出しの深さに合うファイルボックスをセットし、グラスを入れるだけ。整列して美しく収まります。

お客様にも見せられる収納

紅茶やコーヒーはまとめてラタンのカゴに。「このまま出して、お客様に好きな物を選んでもらいます」。カウンターの上にこれとポットを置けば、セルフのドリンクバーが完成！

アイテムごとに仕切って見やすく

カトラリー類はアイテムごとに仕切りを設置。「引出しを開けた瞬間に、誰でも探している物がすぐに見つけられます」。

1

2

DIYカウンターに収納がジャストフィット

1. 災害時の備えを兼ねた水のストックが、カウンター下にぴったりフィット。市販のワインラックを使用。　2.「実はゴミ箱なのですが、裾すぼみになっていて幅を取らないのでキッチン雑貨を収納しています」。下段はゴミ箱として使用。

KITCHEN

シンクから反対側の壁までは、わずか77cm。「既成品のカウンターが置けなかったので、夫がDIYしてくれました」。シンクの反対側にカウンターがあると、作業台として便利。

3

4

3. カットしたプラスチック段ボールを2つ折にしたゴミ袋に挟みます。段ボールの両サイドに切り込みを入れてヘアゴムで留めると、ゴミ袋がズレずに1枚ずつ取れます。 4. ストロー、割りばし、ペーパーナプキンをケースに詰め替え。収納物の形がそろうので、見た目もスッキリ。

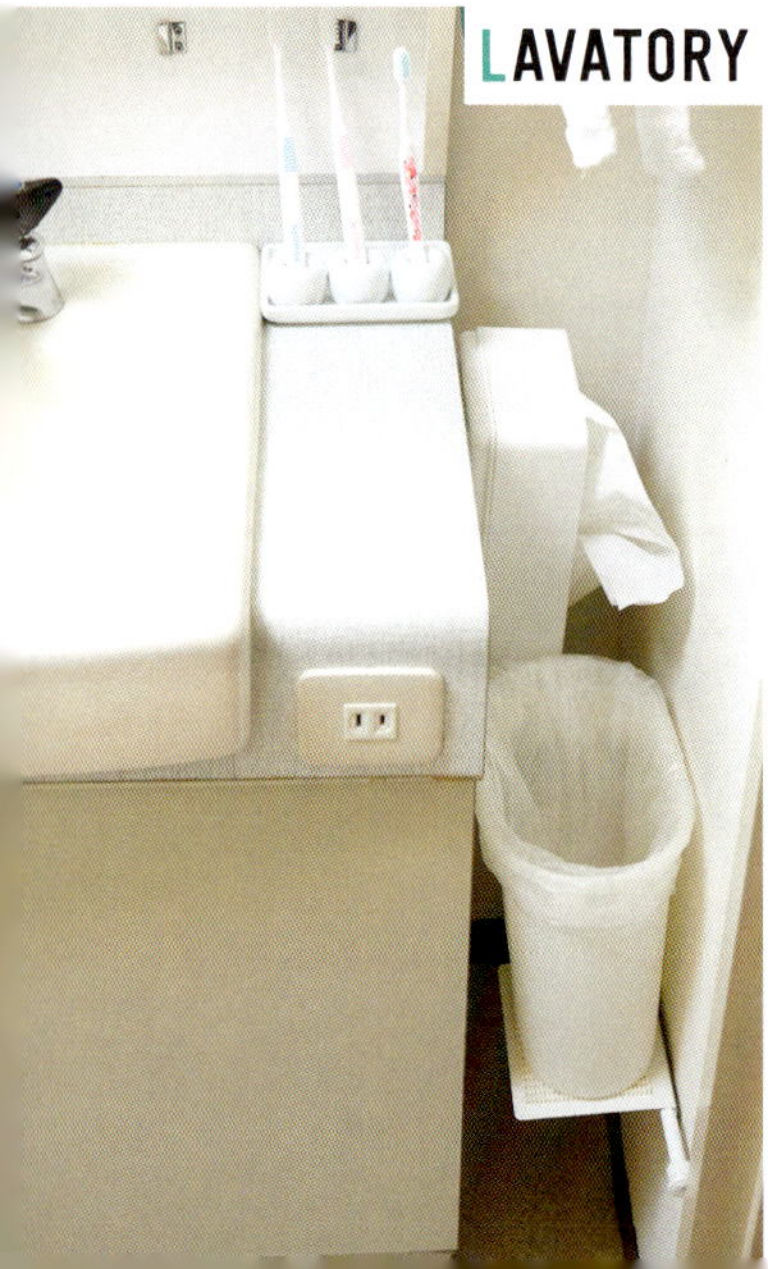

LAVATORY

つっぱり棒を使ったスッキリ収納

つっぱり棒を渡してブックエンドを引っかけ、即席棚を制作。ティッシュケースとゴミ箱を浮かせて掃除しやすく。

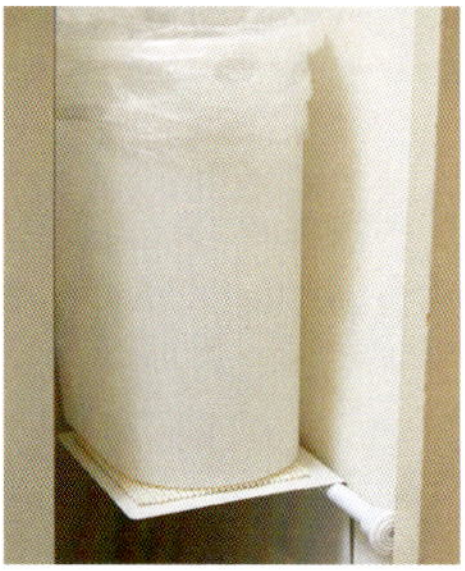

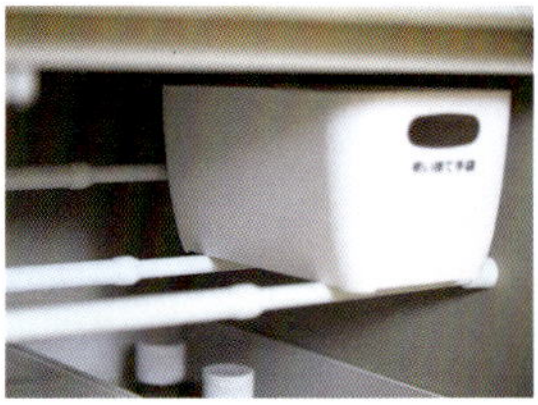

つっぱり棒で棚を作り、洗面台の掃除グッズを入れたケースを置く。後ろにもつっぱり棒を渡して、ケースが後ろに落ちない工夫を。

収納グッズをぴったりセットして収納量をアップ！

書類を12個のファイルボックスに仕分けして収納。高さと奥行きのある空間を仕切り、収納をめいっぱい活用。

1

2

3
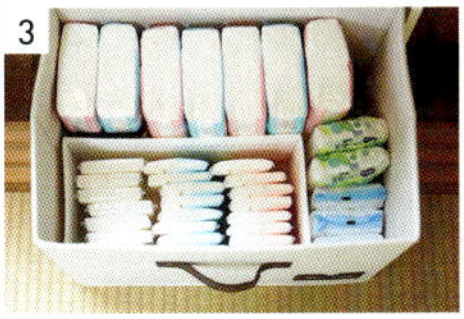

1. タイツ類はラベリングして一つずつ小分け。「同じ黒でもデニールがひと目でわかって便利です」 2. プラスチック段ボールをカットして、前面を目隠し。見た目を白で統一して美しく。 3. ティッシュ、ポケットティッシュ、除菌シートのストックは入れ方を工夫して、引出しのサイズにちょうどよく収納。

左は両端に白と黒の服を入れ、間をグラデーションに。「見た目もいいし、色別になっていると選びやすいですよ」。右は、シーズンオフの物をまとめて引出しに。

1

100均グッズで下駄箱をフル活用！

1. 1足を重ねてしまえるシューズストッカーを使って収納量を2倍に。傘はつっぱり棒に掛けて。 2. 来客用スリッパはシューズハンガーに掛けて下駄箱の中に。玄関にスリッパラックを置かなくてもOK。

2

HANGER

カラーチップで人別に色分けする

サイズチップをヒントにして、ストローにマスキングテープを貼って、カラーチップを手作り。仕切りは100均のコードクリップを利用。

CASE 5

三吉まゆみさん（33歳）

整理収納アドバイザー。@miyo_344 「1LDK小さな暮らし」https://ameblo.jp/miyo-miyo-344/ 夫と2人暮らし。1LDK、43㎡、築3年の賃貸アパート。

とことんラク！

掃除がしやすい収納

掃除が苦手でズボラな私はラクさをとことん追求

パッと取って、サッとできるから片づけも掃除もラク！

このスッキリ片づいた部屋からは想像もつきませんが「実家にいた頃は〝汚部屋〟に住んでいたんです」と三吉さん。もともとインテリアには関心があったので、結婚後の一時期、DIYや模様替えにハマったことも。「毎日違う家に帰っているみたいでした（笑）」とご主人は言います。

そんな三吉さんが整理収納に関心を持ち始めたのは、3年ほど前に現在の住まいに引っ越してから。「でもめんどくさがりなので、簡単じゃないと片づけが続かないんです。それに掃除が大の苦手なので、どうしたら掃除しやすくなるかを考えました。それでちょっと見た目は悪いかもしれませんが、よく使う掃除グッズは出しっぱなしの方が、私には向いていることに気づいたんです。パッと取れるので、汚れに気づいた時にサッと掃除できます」。

ベッド横の棚に安眠グッズ

ベッド横に小さな棚を付けて、寝る前に読む本やお気に入りの物を。サイドテーブルを置かずに済むので掃除機がけがラク。

BEDROOM

CLOSET

キャスター付きが掃除しやすい

「収納ケースにキャスターをつけたら、お掃除モップを使いながら片手で引き出せるので、クローゼットの床の掃除頻度が増えました」と掃除しにくい場所を克服。

LIVING

使う場所の近くに収納を作る

リビングで使う物を 2 つのシェルフに。“今着る服”はここに収納。「わざわざ寝室のクローゼットまでしまいに行かなくていいので、脱ぎっぱなしがなくなりました」

1

2

3

ハンディモップとフローリングモップは、出しっぱなしならすぐ手に取れます。モップ用替えシートは本体の直近に。サッと取れるようにパッケージから出しています。

1. ホコリに気づいたらサッとひと拭き。ペン立てを浮かせて掃除しやすく。　2. カゴにはあえて布をかけず、ワンアクションで取れるように。　3. よく使うバッグとジーンズは、S 字フックに引っかけ収納が便利。

中身を見せて！

窓掃除グッズは窓のそばに

リビングの 2 か所の窓の中間地点にあるTV台に窓掃除グッズが待機。近くにあれば、掃除を億劫に思う気持ちが半減！

ムダな動きをとことん省いて料理も収納もラクする

アルコールスプレーなど毎日のように使うスプレー洗剤はしまわずに、シンク横に引っかけ収納。パッと取れるから、まめに掃除するようになり、汚れをガンコにしません。

KITCHEN

シンク掃除グッズはシンク下に

中身を見せて!

ラックの上にメラミンスポンジ、左端のファイルボックスに排水口掃除グッズをIN。一歩も動かずに掃除できます。

調理しながらヒョイ!

よく使うキッチンツールは吸盤フックに引っかけ。タオルハンガーを壁につけて、調理中のフタ置き場に。

天板に物がないからサッとひと拭き

天板に直置きする物は最小限に。物をどかさずに一気に拭けます。「物があると、どかさずに周りだけを拭く性格なので、これなら拭き残しがありません」

1

2

1. 替えのゴミ袋はゴミ箱の真上に収納場所を確保。ゴミ袋を取りに行く手間がありません。　2. 食器はあえてオープン棚に。「前はガラス扉のついた食器棚を使っていましたが、扉がない方が出し入れがラクですよ」

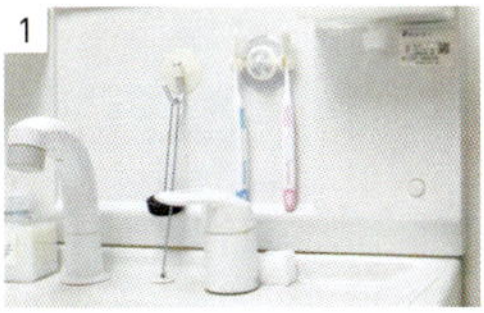

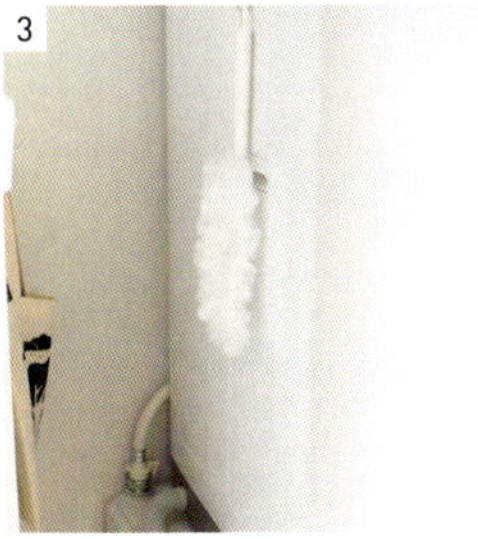

1. 歯ブラシと洗面ボウルの栓を浮かせて掃除しやすく。 2. ドライヤーはバッグに入れて洗面台横に引っかけ。 3. 洗濯機の下は意外とホコリがたまりやすいので、洗濯機横に伸びるハンディモップを引っかけ。 4. メイクグッズは壁につけたボックスに。鏡の前に立った時、手が届きやすい位置に設置してます。

LAUNDRY& LAVATORY

吊るす、浮かせる、壁面収納で取りやすく、掃除もラク

ENTRANCE

ほうきは出しっぱなしOK! すぐ掃除できる

外出前にたたきのホコリを掃き出します。傘を浮かせて収納しているから一気に掃けます。

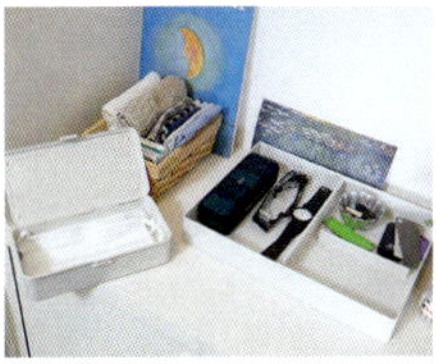

外出する時に使う物は、マスク以外はオープン収納に。「布をかけると、どかして中の物を取って、またかけるのが面倒ですから」

TOILET

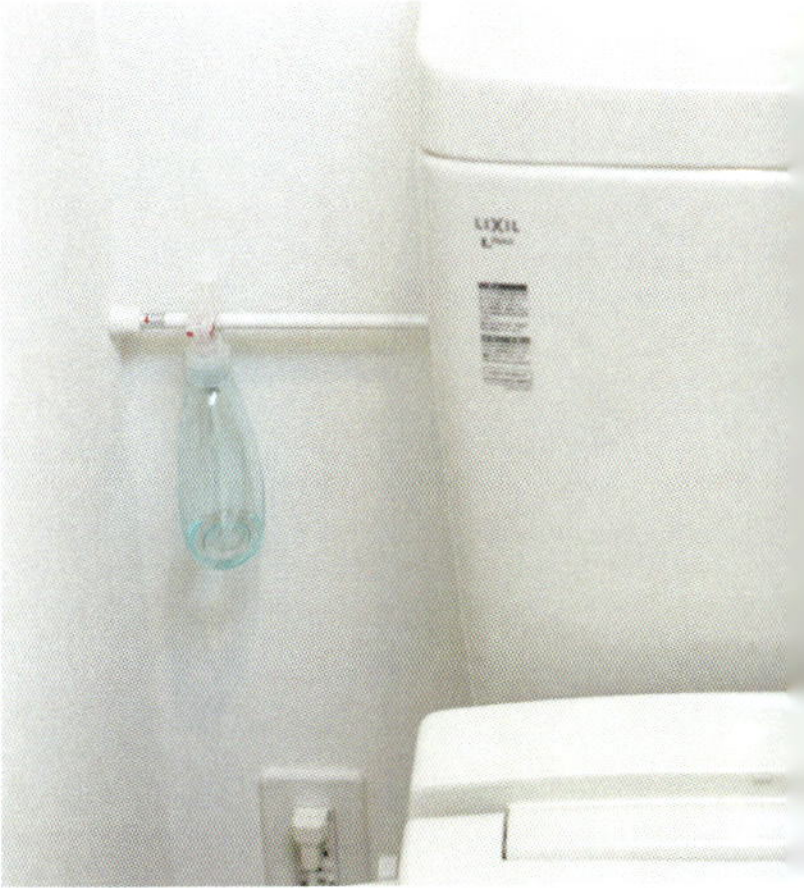

よく使うスプレーは引っかけ収納

本格的に掃除する時のグッズは、トイレの収納棚の中にしまっていますが、毎日のように使うスプレー洗剤は、タンク裏につっぱり棒を渡して引っかけ。わざわざ出すひと手間が省略できます。

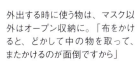

CASE
6

おおつか なおみさん
（32歳）

整理収納アドバイザー・クリンネスト。@pote.pote.pote「心地よい暮らしのレシピ」http://ameblo.jp/n-cocochiyoi 夫と2人暮らし。2LDK、67㎡、築3年の分譲マンション。

掃除がしやすい収納

テイストをそろえればスッキリ片づいてリバウンドしない

詰め込む収納から物を減らして〝美しい収納〟に

ご主人が転勤族のため、引っ越しのたびに片づけの大変さを痛感してきたおおつかさん。「物を押し込むだけの収納だったので、すぐに散らかるんです。趣味のヨガをしたくても、床の物を片づけないとヨガマットが敷けませんでした」。

そんなある日、整理収納を紹介するテレビ番組を見て一念発起。整理収納の基本を勉強することにしました。まずは物を減らして、自分たちの暮らしに必要な物と量を把握。次に、全ての物に〝指定席〟を作りました。すると「戻る場所が決まっているから、出しっぱなしの物がなくなりました。だから掃除がしやすいんです」。

さらに「ただしまうだけじゃなくて、見た目もこだわりたい」と収納アイテムを統一。片づけやすくて掃除しやすい〝美しい収納〟が完成しました。

手入れが負担になったり、掃除の邪魔にならないように、生花を飾るのはキッチンカウンターとテレビ台の２か所に限定しています。

KITCHEN

とことんしまえば、見た目スッキリで掃除もしやすい

出しっぱなしの物は最小限に。「物をどかす手間がないので、億劫なキッチン掃除が夕食の洗い物の後の習慣になりました」

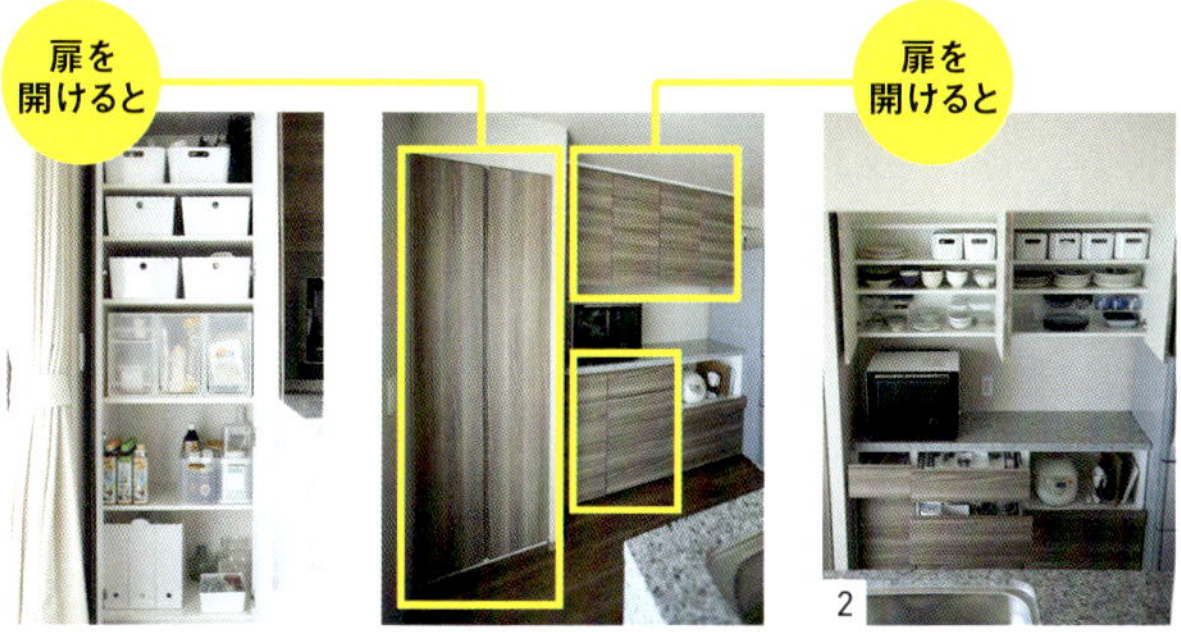

1. パントリー内の収納グッズは前面をそろえてスッキリ見せます。いただき物のペット飲料も余裕で収納。 2. つい物を置きたくなるカウンターの上にも、何も置きません。拭き掃除が断然ラクです。

シンク掃除グッズはシンク下に

シンク下は細かく仕切って、全ての物に指定席を作っています。シンク掃除グッズはもちろんここに。使う場所の近くが指定席です。

いただき物用のスペースを確保

急ないただき物が、冷蔵庫に入らなくて困ることがないように、決まった物を置く指定席の他に空席を作ります。結果、棚が空いて掃除がしやすくなりました。

ゴミ箱も引出しの中に

生活感が出やすいゴミ箱は収納の中にIN。「引出して使う手間はかかりますが、見た目を優先させました」

お掃除ロボットがスイスイ動ける

「ヨガマットが敷けなかった」というのがウソのように、床面がたっぷり空いています。

LIVING

1

2

3

1. ハンディモップはテレビ裏に隠して収納。細かい物はトレーに載せれば、いっぺんにどかせて掃除がラク。　2. ホコリに気づいた時、すぐ使えるようにハンディ掃除機は出しっぱなし。見た目がいい物をセレクトするのがこだわりです。　3. リビング収納の中は、収納グッズをまるでパズルのように組み合わせています。

こだわりPoint!

ラベリングは控えめに

黒々と大きな文字で書かれたラベリングは見やすいですが、目立ちすぎることも。文字を小さくしたり、控えめな色を使用して悪目立ちしないようにしています。

Good Looking

CLOSET

ハンガーをおそろいに

ハンガーを同じ物にするだけでスッキリ見えます。「『持っている服は全部着る』を基準にして、かなり処分しました」と、ゆとりある収納は見た目にも掃除にも good！

LAUNDRY& LAVATORY

鏡裏にディスプレイ収納

1. お気に入りのスキンケアコスメをショップのように並べています。「扉を開けるのが楽しくなるような"美しい収納"にしてみました」 2. 洗濯機と壁の隙間でハンディモップとフローリングモップが出番待ち。

1

Good Looking

2
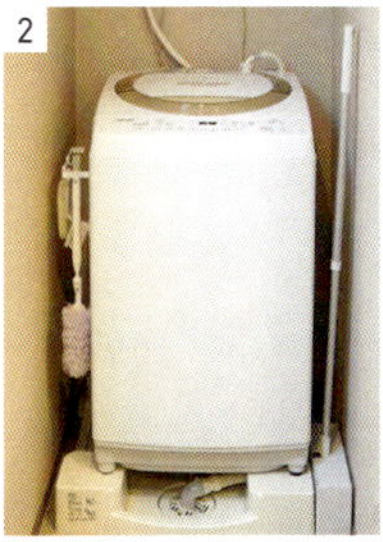

TOILET

手洗い下にニッチ収納

「ここは排水管スペースで、物をしまう所ではないと思うんですが、よく使うトイレ掃除道具はここにあると便利なんです」とわずかな空間も見逃しません。

BATHROOM

これは
浴室の外に
置きます

掃除しやすさ優先で シャンプー類を置かない

シャンプー類は浴室に置かず、"銭湯スタイル"の持ち込み式に。浴室の棚の掃除が断然ラクです。

シーズン替えで下駄箱にゆとりを

シーズンオフの靴はクローゼットに収納。下駄箱には今履いている靴だけを置き、掃除をしやすく。

クローゼットで
待機

雨の日は床に新聞紙を敷いてから出かけます。帰宅したらその上で靴を脱いで、床を汚しません。そのまま乾かせて一石二鳥。

STAFF

写真　尾島翔太
　　　佐藤純子（P104-111）
デザイン　chocolate.
イラスト　moeko
編集　村越克子（P104-127）
執筆　天見真里子（P104-111）
撮影協力　神田めぐみ

梶ヶ谷陽子

Bloom Your Smile代表。整理収納アドバイザー。ハウスキーピング協会の最上位資格である整理収納アカデミアマスターをはじめ、住空間収納プランナー、間取りプランナー、防災士など暮らしに関わる資格を数多く取得。テレビ、雑誌、書籍などさまざまなメディアで活躍する他、講演や商品プロデュースなども行う。著書に『片づけのレシピ』（主婦の友社）、『気がつけば、ずっと無印良品でした。』（G.B.）などがある。

http://bloomyoursmile.jp
ブログ「整理収納レシピ」
https://ameblo.jp/yoko-bys
@bloomyoursmile

無《む》印《じるし》良《りょう》品《ひん》でつくる
「性格《せいかく》」「クセ」「好《この》み」に合《あ》った マイフィット収納《しゅうのう》

2019年7月8日　初版発行

著者　梶ヶ谷陽子
発行者　小林圭太
発行所　株式会社CCCメディアハウス
　　　〒141-8205 東京都品川区上大崎3丁目1番1号
電話　販売　03-5436-5721
　　　編集　03-5436-5735
　　　http://books.cccmh.co.jp

印刷・製本　大日本印刷株式会社

ISBN978-4-484-19222-2